골프
이 정도는
알고 치자

초판 인쇄 2024년 8월 08일
초판 발행 2024년 8월 15일

발행인 김종상
표지 디자인 정우정
편집 디자인 최주현

공저 김대중, 이동규

발행처 ㈜조세금융신문
출판등록 제2018-000021호

주소 서울시 은평구 증산로 17길 43-1 제이제이한성B/D 2층, 3층
전화 02)783-3636 | **팩스** 02)3775-4461
홈페이지 www.tfmedia.co.kr

ISBN 979-11-92307-18-3(03690)
가격 28,000원

※ 이 책의 어느 부분도 저작권자나 발행인의 승인 없이 무단 복제하여 이용할 수 없습니다.

골프 이 정도는 알고 치자

김대중
이동규

지음

CONTENT

들어가면서 08

Part 1

골프 역사

제 1 장	골프와 캐디 유래	16
제 2 장	현대 골프 역사	27
제 3 장	현대 캐디 역사	37

Part 2

골프 코스

제 4 장	골프장 종류	48
제 5 장	골프 코스 구성	57

Part 3

골프 클럽

제 6 장	클럽의 종류	74
제 7 장	볼의 종류와 골프 브랜드	82
제 8 장	그립과 스탠스	87
제 9 장	스윙과 볼의 구질	93

Part 4

골프 용어

제 10 장	스코어	100
제 11 장	라운드 전	106
제 12 장	티잉구역	116
제 13 장	일반구역	126
제 14 장	페널티 구역과 벙커	138
제 15 장	퍼팅 그린	142
제 16 장	라운드 후	147

Part 5

골프 룰 – 구제 방법과 페널티

제 17 장	티잉구역	154
제 18 장	일반구역	160
제 19 장	페널티 구역과 벙커	180
제 20 장	퍼팅 그린	186

Part 6

캐디 생활과 안전

제 21 장	캐디의 하루	200
제 22 장	중대재해처벌법과 골프장 사고유형	209
제 23 장	우천 낙뢰 시 행동요령	232

들어가면서

지난 2020년 3월 차예준, 이동규, 이정현 3인의 노력으로 '초보 골프 캐디를 위한 길라잡이'를 발간하고, 지난 4년간 신입 캐디 교육에 사용하였다.

마땅한 캐디 교육 교재가 없었던 상황에서 빛과 소금과 같았다.
이 책을 시작으로 2022년 캐디학개론과 캐디가 알아야 할 모든 것이 출간되면서 '초보 골프 캐디를 위한 길라잡이'는 아픈 손가락이 되었다. 개정작업을 착수한 지 2년이라는 시간이 걸렸고, 쓰고 지우고, 다시 쓰는 작업을 계속해서 반복하면서 기존에 출간된 책과 내용이나 형식이 다르게 나올 수 있도록 최선의 노력을 기울였다.

이제 캐디가 되고 싶은 교육생과 골프를 알고 싶어하는 일반인이 골프와 캐디를 알아갈 수 있는 길라잡이와 같은 역할을 이 책이 담당할 것이다. 글로벌캐디원격평생교육원이 가고자 하는 길은 캐디를 위한 정규 교육 과정을 만드는 것이다. 정규 교육 과정을 통해서, 단계적이고 체계적인 교육 시스템이 설립되고, 이후 캐디 자격증을 취득할 수 있도록 만드는 것이다.

그렇게 하기 위해서 한국직업능력원구원으로부터 3건의 자격증을 신청하고 민간자격등록증을 받았다. 기존에 있었던 골프장캐디 자격증(민간자격등록번호 제2021-005229)이 승계되지 않는 관계로 이를 업그레이드한 새로운 자격증을 만들었다.

1. 민간자격등록번호 제 2024-001533호,
[종목] 캐디, [등급] 기초(골프카트) / 3급(주니어) / 2급(시니어) / 1급(어드바이저)

2. 민간자격등록번호 제 2024-001531호,
[종목] 캐디지도사, [등급] 3급(초급) / 2급(중급) / 1급(고급)

3. 민간자격등록번호 제 2024-001532호,
[종목] 글로벌캐디, [등급] 기초(골프카트) / 3급(주니어) / 2급(시니어) / 1급(어드바이저)

자격증을 3종류로 나눈 이유는 다음과 같다.

캐디라고 다 같은 캐디가 아니기 때문이다. 캐디도 잘 하는 캐디가 있고, 못하는 캐디가 있다. 그런데, 전세계적으로 캐디 등급제를 채택하고 있는 나라는 미국 밖에 없다. 모든 기술자는 능력에 따라 등급을 나누는데, 우리나라나 동남아시아 캐디들은 다 똑 같은 대우를 받고 있기 때문에 이를 등급화 할 필요가 있었고, 이를 업무 스킬에 따라 등급을 나누어서 캐디 자격증을 만들었다.

캐디를 지도하는 사람들은 대부분 골프장 경기과 출신이거나 캐디출신이다. 그러다 보니, 캐디 교육이 중구난방이다. 그들은 선배들에게 배운 그대로 캐디 업무만 가르치고 있는데, 한발짝 가까이 들어가 그 내용을 보면, 캐디에 대한 정의와 업무에 대한 해석이 각자 다르다. 정부가 NCS에 캐디 직무를 2018년에 넣었음에도 불구하고, 정부가 만든 NCS에 따라 캐디를 가르치고 있는 곳이 전무한 실정이어서 캐디를 가르칠 수 있는 캐디 지도사 자격증을 만들었다.

지난 2년간 동남아시아 캐디 업무에 대한 시장조사와 경험을 통해서 볼 때, 동남아시아 국가들도 캐디 교육이 우리나라와 별반 다를 것 없이, 골프장에 들어가서 선배들에게 캐디 업무를 배우고 바로 현장에 투입되었다. 동남아시아 시장에 맞는 캐디교육이 필요함에 글로벌캐디 자격증을 만들었다.

이렇게 자격증을 분류하면서 가장 필요한 것이 캐디가 되고 싶은 사람이나, 지도자가 되고 싶은 사람, 해외에서 캐디를 하고 싶은 사람들이 보고 배울 수 있는 교재와 교육장소가 필요했다. 보고 배울 수 있는 교재가 없다면, 지금까지 해 왔던 모든 것들이 모래 위에 성을 쌓는 행위 즉, 사상누각(沙上樓閣)이 되어 버린다.

그래서 교재 편찬에 더욱 매진하였다. 자격증 시험과 교육 교재로 사용할 4권의 책은 다음과 같다.

> 1. 캐디와 골프에 입문하는 사람들을 위한 교재가 바로 '골프, 이 정도는 알고 치자' (골프 입문서)이다. '골프, 이 정도는 알고 치자'는 역사, 골프 코스, 골프 클럽, 골프 용어, 구제방법과 패널티에 관한 골프 룰, 캐디 생활과 안전으로 구성되어 있다.
>
> 2. 캐디에 관한 직업윤리와 자긍심을 갖게 하기 위해 만든 것이 캐디학개론이다. 캐디학개론은 캐디가 얼마나 오래된 직업인지 그리고 선배 캐디들이 골프계에 얼마나 많은 영향을 끼치고, 현대 골프를 창시한 사람들이 다

캐디 출신이라는 설명과 캐디 업무가 역사적으로 어떻게 변해 왔는가에 대한 분석과 캐디가 하는 일을 다양한 시각으로 분석해서 현실에 맞게 7가지로 분류해서 발표했으며, 캐디가 되는 방법과 캐디의 미래에 대해서 설명하고 있다.

3. 2018년 국가직무능력표준(NCS, National Competency Standards)에 캐디가 포함되었는데, 이 NCS기준에 맞게 고용보험 환급과정으로 교육과정(필드 위의 디렉터, 캐디)을 만들면서 같이 만든 교재가 캐디가 알아야 할 모든 것 (국내 최초 NCS 기준 적용 직무서)이다.
이 책에는 캐디의 7가지 직무, 경기준비, 경기진행, 고객서비스, 경기안전, 카트활용, 클럽서브, 경기종료에 대해서 세세한 자료 사진과 함께
설명해 놓았다.

4. 정부가 NCS에 캐디직무를 넣었다면, 글로벌캐디원격평생교육원은 다년간 쌓은 캐디 교육 노하우(Knowhow), 즉 단계적으로 캐디가 될 수 있는 방법인 캐디교육실무서, 골프 캐디의 노하우를 만들었다.
캐디가 되는 과정을 8단계로 구분했는데, 기초과정 2단계와 실습과정
6단계로 구분했다. 1부 기초과정은 캐디가 되기 위한 기초 이론과 카트, 클럽 핸들링, 볼보기 등으로 구성되며, 2부 실습과정은 캐디 업무 몸으로 배우기, 거리 불러주기, 클럽 매칭, 클럽 서브, 경기진행, 그린 서브와 스코어 계산하기를 배우며, 3부에서는 캐디와 골프 통계에 대해서 배우게 된다.

체계적이고 전문적인 캐디 교육은 이제 걸음마 단계이다.

전문가 캐디가 되기 위해 공부할 수 있는 방법들이 극히 제한되어 있는 가운데 신입캐디들이 필드에서 어떻게 행동하고 무엇을 알아야 하는 가를 보다 자세하게 기록하고 정리할 필요가 있어서 이 책을 만들었고 신입 캐디 나아가 일반 골퍼들도 많은 도움이 될 수 있도록 책을 구성하였다.

지난 15년간 골프장에서 캐디로, 마샬로, 경기과 직원으로, 때로는 골퍼로 활

동했던 경험과 캐디 교육을 연구하고 실무에 적용했던 저자의 노하우를 집대성해서 아주 쉽게 익힐 수 있게 만들었다.

이 글을 통해서 캐디에 관한 올바른 자세를 배우고 나아가 멋진 전문가 캐디로 존중 받기를 바라며, 일반 골퍼들도 이 책을 통해서 골프와 캐디에 대한 이해가 깊어지는 계기가 되기를 바란다.

이 책이 나올 수 있도록 항상 묵묵히 도와준 사랑하는 가족들에게 감사드리며, 캐디교육에 대해 더 많이 고민할 수 있는 계기를 만들어 주신 ICC 플러스 베트남 풍 반 끄엉 대표와 응구옌 티 홍 늉 부사장에게 감사 인사를 올린다.

공동 저자 김대중, 이동규

IN LOVING MEMORY OF

임주영 교육팀장(1987. 07. 05 – 2021. 12. 28)

골프 역사

Part

1

제 1 장　골프와 캐디 유래
제 2 장　현대 골프 역사
제 3 장　현대 캐디 역사

골프의 신이 있다면. 그에게는 골퍼와 캐디라는 자식이 있어서 골퍼는 골프를 잘 칠 수 있는 능력을 갖게 만들었고, 캐디는 그 골퍼가 골프를 잘 칠 수 있도록 아낌없이 정보와 어드바이스를 제공했을 것이다.

신입캐디가 되기 위해서는 골프를 잘 칠 수 있는 능력보다 골프에 대한 이해가 필요하며, 어떻게 하면 골프를 잘 칠 수 있는 지 객관적인 시각으로 볼 수 있어야 한다. 그렇기 때문에 캐디가 되면 최소 1년안에 골프를 배울 수밖에 없다. 지금까지 이어져 온 캐디교육을 보면, 가장 중요하게 다뤄야 함에도 불구하고, 실제 캐디교육에 있어서 잘 가르쳐 주지 않는 분야가 있다.

바로, 캐디 역사다.
캐디가 골프에서 어떤 역할을 하면서 발전해 왔고, 골프와 어떤 연관성을 가지고 발전해 왔는지에 대해서 잘 논의되지도 않았을 뿐만 아니라, 캐디 역사에 대한 연구가 매우 미흡한 부분이기도 하다. 이에 골프와 캐디에 관한 역사적 사실을 중심으로 이야기를 서술해 가고자 한다.
먼저, 골프와 캐디 유래를 살펴보고, 이어서 메이저 대회와 경기 방식을 다루는 현대 골프 역사, 캐디가 생긴 유래와 문헌에 기록된 캐디 등을 다루는 현대캐디역사에 관해서 설명할 것이다.

제 1 장
골프와 캐디 유래

2023년 한국 골프 인구가 일본을 추월해서 1천만 시대가 되었다는 통계 자료가 발표되었다. 캐디를 배우기 전에 먼저 골프가 어디서 만들어졌는지에 관해서 알아보자. 정확하게 골프가 언제, 어디서 시작되었는지에 관한 기록이 없다.

1. 골프 유래

유럽, 이집트, 지중해 등 다양한 지역에서 골프를 쳤던 기록을 쉽게 찾아 볼 수 있는데, 우리가 상상하지 못했던 또 다른 고대 골프의 기록을 가진 나라가 있다.

바로 중국이다. 중국 기록에 따르면 8세기부터 14세기까지 '추이완(Cui Wan, 捶丸)'이라고 불렸던 경기가 있었다. [그림 1-1]을 보면, 고대 중국인들이 추이완 경기를 하고 있는 모습인데, 현재 우리가 즐기고 있는 골프와 정말 유사하다. 홀이 있고, 홀 안에 빨간 깃대가 꽂혀 있으며, 사람들이 골프클럽처럼 생긴 막대기로 경기를 하고 있다. 물론 볼을 치는 방법은 현대와 유사하지 않지만...

추이완은 중국 송나라 시대에 유행했으며, 지금의 골프와 아주 유사한 모습을 가지고 있어서, 이를 보고 최근 중국이 골프 기원국으로서 실크로드를 통해 유럽

[그림 1-1] 고대 중국인들이 추이완 경기를 하고 있는 모습   출처: hkctp.com.hk

에 보급시켰다고 주장하기도 한다. 물론, 골프계가 인정하지 않는 중국측의 일방적인 주장이다. 그렇다면 추이완이 현대 골프와 얼마나 유사하기에 중국이 골프를 만든 나라라고 주장하는 것일까?

먼저, 추이완 경기에 대해서 간단하게 설명하면 다음과 같다.

- ✓ 골프 클럽은 10개
- ✓ 난이도가 다른 홀들
- ✓ 나무로 만든 볼
- ✓ 티-오프 지역이 있다.

우리가 알고 있는 골프와 정말 많이 닮아 있다. R&A 골프 룰은 골프 클럽을 14

개로 제한하고 있는데, 추이완은 골프클럽을 10개로 제한한다. 추이완에도 티잉구역이 따로 존재해서 이 곳에서 티오프를 하며, 홀 별로 핸디캡(난이도)이 존재한다. 이 정도면 중국이 골프 발생국이라고 주장할 만큼 현대 골프와 닮아 있다.

골프의 발생지라고 주장하는 또 다른 나라가 있다.

바로 네덜란드다. 1261년 네덜란드어로 기록된 한 원고에 콜프(Kolf)라는 단어가 처음 언급되었는데, 이 단어 사용을 근거로 골프가 네덜란드에서 시작되었다고 주장한다. 그 당시 콜프(Kolf)는 베네룩 3국(벨기에, 네덜란드, 룩셈부르크)에서 매우 대중적인 스포츠였다고 한다.

네덜란드 골프 역사학자인 반 헹겔은 네덜란드 콜프 게임이 현대 골프에 많은 영향을 끼쳤으며, 네덜란드 콜프(Kolf)와 스코틀랜드 골프(golf) 사이에는 아주 밀접한 관계가 있다고 주장하고 있다. 어원학 사전에서 골프(golf)를 검색해 보면, 중세 네덜란드어 스틱(stick), 클럽(club), 방망이(bat)를 뜻하는 콜프(colf), 콜브(colve)가 15세기 중반 스코틀랜드 구프(Gouf)에서 유래되었다고 본다.

[그림 1-2] Dutch Painting of Kolf in Winter

[출처: Wikimedia Commons, 작가:Aert van derNeer]

일부 역사학자들은 네덜란드 선원들이 네덜란드 경기인 콜프를 스코틀랜드 동부 해안에 전파해서 이것이 골프가 되었다고 주장한다.

스코틀랜드에서 골프가 시작되었을까?

앞에서 언급했듯이 어원학사전에서 '골프(Golf)'란 스코틀랜드의 오래된 언어로 '치다'란 뜻을 가진 '구프(Gouf)'에서 유래되었다고 한다. 재미있는 것은 기록상 골프(golf)라는 단어가 처음으로 등장한 때가 1457년으로 스코틀랜드 의회가 축구와 골프를 금지시켰다는 법령이다.

많은 사람들이 스코틀랜드가 골프의 발상지로 생각하는데, 그 이유는 현재 우리가 즐기고 있는 골프 경기가 대부분 스코틀랜드에서 시작되었기 때문이다. 스코틀랜드 북쪽 해안가에는 링크스(Links)라고 불리는 기복이 많은 초원이 있었다. 멋진 잔디와 잡목이 우거진 작은 언덕으로 이어진 지형은 골프 코스로 적합했다. 더욱이 이곳은 공유지여서 서민들이 자유롭게 이용할 수 있었다.

한편 이 당시 야생 토끼가 많이 살고 있어서 토끼들이 맛있는 풀이 많은 잔디를 너무 많이 먹어서 아주 평평하게 된 곳을 그린(Green)이라고 불렀고, 그린과 그린을 연결하는, 양떼들이 밟아 풀들이 드러누워 평탄해진 넓은 길을 페어웨이(Fairway)라고 불렀다. 이 때의 그린이 바로 오늘날 퍼팅 그린이 됐고, 양떼의 길은 페어웨이가 된다.

'페어웨이'란 항해 용어로 '바다의 안전한 길', 즉 '바위 사이의 안전한 항로'라는 뜻이다. 이처럼 골프의 안전한 플레이 지대에 항해 용어를 인용한 사실로 미뤄보아

해상 무역과 골프가 밀접한 관계가 있다는 것을 짐작할 수 있다.

이러한 목동들의 놀이는 처음에는 서민들의 놀이로 유행했다가 골프금지령이 내려진 후로는 서민들이 골프를 할 수 없게 되었기 때문에 자연히 특권층인 왕족과 귀족만이 할 수 있게 되면서, 나중에는 아예 궁중 안으로 들어가 왕족들 경기로 바뀌게 됐다. 여러 차례 골프 금지령과 해제 과정을 거치고 국민 권리가 점차 커지면서 서민도 골프를 즐길 수 있게 되었다. 물론, 서민이 골프를 치기 위해서는 먼 훗날이 되고, 1800년대 중반부터 귀족과 돈 많은 상인들이 즐기던 골프를 캐디가 프로골퍼 시대로 이끌게 된다.

1567년 골프와 관련된 한 사람의 운명이 좌우되는 사건이 발생한다.

바로 골프의 어머니이자 캐디를 존재하게 한 스코틀랜드 메리여왕이다. 이 이야기는 캐디에 관한 이야기를 할 때 보다 자세하게 할 예정이다. 당시 골프가 얼마나 인기가 많았는지에 관한 재미있는 기록이 있다. 1592년 스코틀랜드 리스(Leith)에서는 일요 골프가 금지되었다. 일요일에는 교회에 가서 경건한 하루를 보내야 하는데, 교회는 안 가고 골프를 친다는 행위 자체가 용납이 되지 않는 사회적 분위기가 있었고, 이에 주말 골퍼들의 불만이 고조된 가운데, 골프의 고향 세인트 앤드류스 대주교는 지역 주민에게 일요일에도 골프 치는 것을 허락했다고 한다. 얼마나 골프를 사랑했으면 대주교가 골프를 칠 수 있도록 배려했을까?

골프의 기원과 발상지가 어디 일지는 그 시대를 살지 않았던 우리로서는 명쾌한 정답을 내릴 수는 없지만, 골프는 동서양을 불문하고 많은 사람들이 즐기고 깊게 빠졌던 스포츠였음이 분명하다. 오죽 국민들이 좋아했으면, 의회가 법령으로 골프를 금지하고, 일요 골프마저 금지시켰을까?

상상만 해 볼 뿐이다.

2. 캐디 유래

처음으로 누가, 언제, 어디에서, 어떻게 캐디를 했을까?

어원학을 찾아 보면 캐디(Caddy)는 프랑스에서 왔다. 프랑스어로 '르 카데(Le Cadet)' 소년 또는 한 집안의 막내라는 뜻이다. 이 단어가 프랑스에서 스코틀랜드로 넘어가면서 '카뎃(Cadet)'이라는 단어가 1610년에 처음 기록으로 나타났고 1634년부터 짧게 'Caddie 또는 Cadie'로 기록된다. 참고로 영어 '카뎃(Cadet)'은 경찰이나 군대의 간부(사관)후보생이라는 뜻이다.

'카데'라는 단어가 프랑스에서 스코틀랜드로 넘어오는 계기는 바로 메리 스튜어트(Mary Stuart, 1542-1587), 스코틀랜드 여왕때문이다. 캐디의 역사는 메리 여왕[1]으로부터 시작되기 때문에 메리 여왕에 대해서 간략하게 알아보자.

메리 여왕은 잉글랜드, 스코틀랜드, 거기에 프랑스 왕위 계승권까지 지닌 채 너무나도 화려하게 태어난 스코틀랜드의 마지막 여왕이다. 생후 9개월의 나이로 스코틀랜드의 왕위를 계승하고, 6살에는 프랑스 왕자와 약혼하여 망명 아닌 망명생활을 시작했다. 프랑스 왕비가 된 지 1년 만에 남편 프랑스아 2세가 죽게 되면서 스코틀랜드를 떠난 지 13년만에 19살의 나이로 다시 돌아오게 된다.

매리 여왕이 프랑스에 있던 당시에는 골프라는 운동 자체가 생소했으며, 골프장이 없는 프랑스에서 골프를 즐기기 위해 풀이 잔뜩 있는 넓은 벌판에서 골프를 즐기고 있는 메리는 프랑스인들에게는 너무나도 생소하고 신기한 존재였을 것이다.

메리 여왕은 막강한 권력을 이용해 자신이 좋아하던 골프를 마음껏 즐겼다.
여왕이 골프를 치는 모습을 지켜보던 프랑스인 역시 골프를 배우게 되었고, 이를 통해 골프가 벨기에와 이탈리아 등 유럽 전역으로 퍼져 나갔다. 메리 여왕이 플레이하는 동안 그녀를 경호하기 위해서 카데(Cadet)라는 프랑스 장교후보생이 아래 그림 오른쪽과 같이 골프클럽을 들고 혹시 모를 위험으로부터 여왕을 경호하고 있다는 사실이 매우 흥미롭다.

[그림 1-3] 메리 여왕   [출처=TuckDBPostcards.org]

위 그림에서 보듯이 젊은 메리 여왕을 경호하기 위해 젊은 카데 2명은 무기 대신 골프 클럽을 들고 당시 귀족들이 입는 복식을 입고 있었고, 오른쪽 끝에 있는 카데는 골프클럽 2개를 들고 있고, 바로 옆 카데는 골프 볼로 보이는 것을 오른 손에 잔뜩 들고 있는 모습이 보인다.

메리 여왕이 스코틀랜드로 돌아갈 때도 당연하게 그의 보디가드(카데)의 호위를 받으며 같이 귀국한다. 1565년 23살 메리는 단리 경, 헨리 스튜어트와 다시 결혼한다. 왕위를 탐내는 단리 경 때문에 결혼 생활은 순탄하지 않았고 후에 잉글랜드와 스코틀랜드 공동 군주가 되는 제임스 1세라는 결실만을 남기게 된다. 단리 경이 죽은 후 3일도 지나지 않은 상황에서 메리는 당당하게 골프를 즐겼다고 한다.

단리 경이 죽은 후 3일만에 골프를 쳤다는 것은 남편의 죽음보다 골프를 너무 좋아해서 쳤던 것일까? 아니면, 그녀의 정적들이 가짜 뉴스를 퍼뜨려서 그녀의 왕위를 빼앗고 죽이기 위해서 골프를 이용한 것일까?

여기서 잠깐 스코틀랜드 골프 역사를 살펴 보고, 이야기를 진행하자.

스코틀랜드 골프 역사는 1400년대로 거슬러 올라가는데, 1503년 내기 골프를 즐겼던 스코틀랜드의 제임스 4세가 런던의 블랙히스에서 골프를 쳤다는 기록이 있으며, 스코틀랜드의 메리 여왕이 1567년 골프를 쳤다는 기록으로 인해서 그녀가 '최초의 여성 골퍼' 또는 '골프의 어머니'라는 호칭을 갖게 된다. 캐디의 어원은 프랑스에서 왔지만, 근대 골프의 탄생지는 스코틀랜드가 된다.

3. 문헌에 기록된 캐디

포어 캐디(Fore Caddy)는 골프 경기에서 공을 찾아 주는 역할을 하는 사람을 부르는 말이다. "포어(Fore)"는 영국 스코틀랜드어로 "잃어버린" 또는 "실종된"을 의미하며, 경기 중 공이 다른 사람에게 위험하게 간다면 '포어'라고 외쳤다.

한국에서는 경기 중 공이 위험하게 다른 사람에게 갔을 때 '볼'이라고 하지만 그 용어는 '포어'를 잘못 사용한 것이다. 포어 캐디는 초기 캐디 역사에서 중요한 역할을 담당했다. 17세기부터 18세기 초기까지, 골프는 흙으로 덮인 경기장에서 진행되었고, 공을 찾는 일이 매우 어려웠다. 이러한 상황에서 캐디는 공을 찾고 회수하는 데 필수적인 역할을 했다.

역사적으로, 최초의 캐디로 기록된 사람은 누구였을까?

스코틀랜드의 앤드류 딕슨이다. 1681년 스코틀랜드의 리스 링크스에서 열린 영국과 스코틀랜드 의 골프 경기(The Duke's golf match)에서 어린 나이에 제임스 7세 요크 공작(Duke of York)의 포어 캐디가 되었다고 기록되어 있다.

앤드류 딕슨은 요크 공작이 경기 중에 볼을 치면, 미리 볼이 올 곳에 가서 볼을 찾아주는 역할을 했다. 앤드류 딕슨만큼 초기 캐디로서 잘 알려진 사람은 스코틀랜드 남부 에딘버러(Edinburgh)의 브런츠필드(Bruntsfield)에서 활약한 윌리 군(Daft Willie Gunn)이다. 윌리 군은 브런츠필드의 캐디로서도 유명하지만, 외투를 여러 겹 껴 입고 다니는 그의 특이한 복장 때문에 더욱 유명했다.

미국 최초 캐디에 대한 구체적인 기록은 제한적이지만, 골프가 미국에 처음 소개되고 전파되면서, 캐디의 역할이 점차 중요해졌다. 미국 최초 캐디는 골프가 미국에 도입되고 확산되면서 탄생했을 것으로 추정된다. 19세기 후반부터 20세기 초반까지, 미국에서는 골프가 빠르게 인기를 얻으면서, 캐디는 골프 경기에서 필수적인 역할을 하게 되었다.

미국의 최초 캐디에 대한 구체적인 기록은 불분명하지만, 19세기 후반부터 20세기 초반까지 미국에서는 많은 프로 골퍼와 캐디가 활동하고 있었다.

골프의 역사를 바꾼 가장 커다란 사건은 1913년 US OPEN이다.

이 대회를 계기로 골프가 대중화되었으며, 골프가 유럽 특히 영국 중심에서 미국으로 옮겨간 결정적인 사건이기 때문이다. 이 대회는 영국의 자존심 해리 바든과 캐디 출신이며 아마추어 골퍼인 미국의 프란시스 위멧과의 연장 승부를 벌인 경기로 2005년 '내 생에 최고의 경기'라는 이름으로 영화화되기도 하였다.

[그림 1-4] 1913년 US 오픈 도중과 이후의 Francis Ouimet과 그의 10세 캐디 Eddie Lowery.

[출처: GOLF AUSTRALIA]

위멧의 가장 유명한 순간은 1913년 미국 오픈 챔피언십이다. 당시 US 오픈은 영국인 골퍼들이 우위를 차지하는 것이 일반적이었으나, 위멧은 20세의 젊은 나이에 당시 최고의 선수였던 해리 바든을 꺾고 US 오픈 챔피언에 올랐다.

에디 로워리(Eddie Lowery)는 프란시스 위멧(Francis Ouimet)의 캐디로서 유명한 인물이다. 1913년 US 오픈에서 위멧의 캐디로 활약했다. 로워리는 당시에 10살로 위멧의 캐디가 되어 결정적인 순간에 중요한 어드바이스를 제공하며 위멧이 우승하는 데 많은 역할을 했다.

1913년 위멧의 US 오픈 우승은 골프 역사상 가장 큰 충격 중 하나로 기억되며, 로워리의 캐디 역할은 이 이벤트의 전설을 더욱 풍성하게 만들었다. 로워리는 이후에도 위멧과 함께 다양한 골프 대회에 참여하면서 골프의 역사에 큰 흔적을 남겼다.

 골프의 역사를 바꾼 가장 커다란 사건은
1913년 US OPEN이다.

제 2 장
현대 골프 역사

 골프의 기원을 주장하는 3개국에 대해서 알아보았고, 이제부터는 19세기부터 시작되는 현대 골프 역사에 관해서 알아 보고자 한다. 홀이 들어간 골프 코스가 본격적으로 등장하면서 현대 골프가 시작된다. 현대 골프를 설명하기 위해서 1860년부터 시작된 디 오픈에 대해서 알아보고, 골프 경기의 종류와 방식에 대해서 설명하고자 한다.

1. 디 오픈 챔피언십(The Open Championship)

 일명 스틱 앤 볼(Stick and Ball), 막대기와 볼을 이용한 운동 경기에서 골프가 완전히 분리될 수 있도록 만든 곳이 바로 스코틀랜드다.

 골프에 홀의 개념을 도입하고, 팀 스포츠를 개인 스포츠로 만들었다. 골프에 대한 기록이 남아있는 책 'The Account Book of Sir John Foulis of Ravelston 1671-1707' 내용 중에 '1672년 3월 2일 스코틀랜드 이스트 로디안에서 골프 경기가 열렸다'라는 기록이 현존하는 현대 골프의 시작을 알리는 가장 빠른 기록이며, 이 책 속에 '1567년 메리 여왕이 골프 경기를 머슬버러 링크스에서 골프 경기가 개최되었다'는 문장으로 인해 기네스 북에 세계에서 가장 오래 된 골프 코스로 인정받았다.

그러나, 그 후 1552년 해밀턴 대주교가 세인트 앤드류스 올드 코스에서 골프를 칠 권리에 대한 서명이 발견되면서 세계에서 가장 오래 된 골프 코스의 영예는 세인트 앤드류스 올드 코스로 넘어갔다.

세인트 앤드류스를 골프의 고향(Home of Golf)라고 부른다.

[그림 2-1] 세인트 앤드류스에 있는 스윌큰 브릿지

[출처: Wikepedia]

세인트 앤드류스에서 현대 골프에 관한 모든 것이 만들어졌기 때문이다. 바로 톰 모리스에 의해서다. (톰 모리스에 관한 자세한 기록은 포씨유신문 [김대중의 골프히스토리] '톰이 우리에게 준 선물'을 참고하기 바람)

세계에서 가장 오래된 골프 대회인 The Open은 어떻게 열리게 되었을까?

디 오픈의 역사는 현대 골프 대회의 역사라 해도 과언이 아니다. 1860년 10월 17일 세계 최초로 기록된 골프 토너먼트가 열릴 때까지 골프 코스는 12홀이었다.

1860년에 프레스트윅에서 'General Golf Tournament for Scotland'라는 대회가 있었는데, 디 오픈은 당시 8명의 프로들이 클럽을 대표해서 출전하게 된다. 올드 톰 모리스, 로버트 앤드류, 윌리 파크 시니어, 윌리엄 스틸과 알렉산더 스미스, 찰리 헌터, 대니얼 브라운, 앤드류 스트래쓰 이렇게 8명의 프로 선수가 출전해서 앨런 로버슨의 후계자를 결정하는 경기를 치렀다.

앨런의 정통 후계자였고, 1회 대회가 치러진 프레스트윅 코스를 설계했던 올드 톰 모리스가 당연히 초대 챔피언이 될 것이라고 믿었지만 윌리 파크 시니어에게 2타차로 우승을 넘겨 주었다. 재미있는 사실은 첫 해 경기가 끝난 후 아마추어(당시 귀족)들이 프로의 경기를 보고 나서 프로의 실력이 그닥 자신들 아마추어와 크게 다르지 않다고 느껴져서 한번 프로와 해 볼만 하다는 분위기가 있었다고 한다.

이러한 분위기가 이어져서 바로 다음 해부터 프로와 아마추어가 실력만 된다면 출전을 해서 실력을 겨루는 대회로 바뀌었다. 여기서 아마추어에게도 대회 문호가 개방 되었다는 의미에서 The Open대회로 명명하게 된다.

골프가 특권층, 귀족층만을 위한 경기라는 인식은 1900년대 초반까지 계속 되었으며 1913년 US Open을 기점으로 특권층 경기에서 대중적인 스포츠가 되었다. 20세기에 들어서서 많은 스코틀랜드(Scotland) 골프 선수들이 미국으로 건너가 US

오픈에 참가하고 우승을 했던 반면, 디 오픈은 여전히 스코틀랜드나 영국 선수들만 참가하는 로컬 대회에 지나지 않았다.

미국 선수가 US오픈이 아닌 The Open에 참가하게 된 이유가 있다.

미국 선수들의 디 오픈 출전 배경에는 US오픈을 포함한 미국 대회 트로피들이 해외로 빠져나가는 것에 불만을 느꼈던 미국 스포츠 주간 잡지 스포츠 일러스트레이티드('Sports Illustrated)가 뒤에 있었다. '일러스트레이티드'는 구독자들의 기부금을 모아 12명의 미국 선수들을 영국으로 보내면서 미국 선수가 디 오픈을 우승하게 하려는 계획을 세웠다.

스포츠 일러스트레이티드의 계획은 성공해서 1924년부터 1933년까지 10년동안 미국 선수들이 The Open을 휩쓸었다. 하지만 1946년 샘 스니드가 우승한 당시 많은 미국 선수들이 디오픈 대회 참가를 꺼렸다고 한다. 이유인 즉, 미국 대회가 상금이 커져가자 미국 선수들은 스코틀랜드까지 가야할 이유를 느끼지 못했기 때문이다.

[그림 2-2] 1961 The open 우승으로 클라렛 저그를 들고 있는 사진
[출처: Arnold Palmer 홈페이지]

여행 경비가 아까울 뿐만 아니라, 예선과 대회 모두 스코틀랜드에서 치러야 하기 때문에 몇 주 동안 미국을 떠나는 것을 힘들어 했던 선수들도 많았다.

이런 분위기 속에서 디 오픈을 살린 골퍼가 바로 아놀드 파머였다.

아놀드 파머는 "디 오픈(The Open)에서 우승하기 전까지는 챔피언이라고 부를 수 없다"며 대부분의 미국 선수들과는 다른 입장을 보였다.

당대 미국의 최고 골프 스타였던 아놀드 파머의 말은 곧 법과 다름없었고, 그해부터 모든 골퍼들이 디 오픈을 세계적 메이저 대회로 인식하기 시작했다. 잭 니클라우스는 1966년 디 오픈에서 우승을 하며 커리어 그랜드 슬램[2]을 기록하였고, 타이거 우즈도 2000년 디 오픈에서 우승하며 역대 최연소 커리어 그랜드 슬램을 기록하며 골프 황제의 자리에 앉았다.

2. 경기 종류 및 방식

골프는 다양한 경기 방식을 통해 즐길 수 있는 스포츠로, 골프 경기 방식은 골프 역사와 함께 다양한 형태로 발전해왔으며, 골퍼들에게 경기 방식에 따라 다양한 경험을 제공한다.

[그림 2-3] 골프 규칙을 쉽게 찾을 수 있는 앱.

[출처: randa.org]

골프 경기에는 다양한 형태와 방식이 있으며, 경기 방식에 따라 고유한 규칙과 전략을 가지고 있다. 이러한 골프 경기 방식들은 플레이어에게 다양한 도전과 경험을 제공하며, 친구, 가족과 함께 골프를 더욱 즐겁게 즐길 수 있도록 만들어 준다.

역사적으로 볼 때 골프 경기 방식은 다양한 내기 방법에 따라 달라졌다고 할 수 있다. 이제부터 골프 경기 방식에 대해서 알아보자.

매치 플레이[3] 방법은 골프 경기가 시작된 이래 오늘에 이르기까지 약 6백년 간 계속되고 있는 가장 오래 된 경기 방법이며, 스트로크 플레이는 약 2백년 전부터 채택된 방법이다.

매치 플레이의 단점은 우승자를 결정하는데 오랜 시간이 걸린다는 점인데, 이 단점을 보완하기 위해 생긴 것이 바로 스트로크 플레이다. 스코틀랜드에서 골프가 발전하면서 사람들은 종종 다른 선수들과 경쟁하기 위해 라운드를 했다. 이러한 경쟁은 각 홀에서 가장 적은 스트로크 수를 기록하면 승리하는 형태로 발전되어 초기 골프 경쟁에서 꽤 일반적이었으며, 이후에도 골퍼들 사이에서 인기를 끌었다.

매치 플레이는 골프의 경쟁적인 요소를 부각시키고, 골퍼들 간의 직접적인 대결을 즐길 수 있는 기회를 제공한다. 이 형식은 골프가 발전함에 따라 규칙이 정교해지고 토너먼트 형식으로 조직되기 시작했다. 현재는 골프의 주요 대회 및 토너먼트에서 많이 사용되는 경기 방식 중 하나로 자리 잡고 있다.

요약하자면, 매치 플레이는 골프의 초기부터 존재해온 전통적인 경기 형식 중 하나로, 스코틀랜드에서 골프가 발전함에 따라 형성되었다. 이 형식은 골프의 경쟁적인 측면을 부각시키고, 선수들 간의 직접적인 대결을 즐길 수 있는 기회를 제공하며, 현재는 골프의 주요 대회에서 많이 사용되는 경기 방식 중 하나다.

스트로크 플레이는 골프의 탄생지인 스코틀랜드에서 시작되었으며, 초기 역사에 걸쳐 발전해왔다. 이 형식은 각 선수가 필요한 총 스트로크 수를 기록하여 경기를 완료하는 방식으로, 골프의 근본적인 형태 중 하나다.

스트로크 플레이는 점차 인기를 얻으며 규칙이 확립되어 현재는 골프의 일반적인 경기 형식으로 자리잡고 있다. 만일 64명의 참가자가 매치 플레이로 우승자를 결정하려면, (하루 18홀을 경기할 때) 64강전, 32강전, 16강전, 8강전 준결승전, 결승전을 치루는 방식으로 총 6일이 소요된다. 연 6일 계속해서 할 수 없으니 실제 소요일 수는 훨씬 더 많다. 스트로크 플레이 방법으로 하면 당일에 우승자를 결정할 수 있으며 72홀을 하더라도 4일이면 충분하다.

이 밖에도 경기 방식은 골프의 인기와 발전에 따라 다양한 형태로 생성된다.

팀 플레이 형식인 스크램블이나 베스트 볼은 더 많은 사람들이 함께 즐길 수 있도록 도와주었으며, 경기의 즐거움을 높이고 팀워크와 협력을 강화하는 데 기여하였다.

"스크램블"이라는 용어는 골프 용어가 아닌 일반적인 영어 용어로, 혼란된 상황에서 급작스럽게 움직이거나 무질서한 상태에서 빠르게 움직이는 것을 의미한다. 이 용어는 골프에서의 협동적인 경기 방식을 설명하는 데 사용되기 시작했다.

스크램블 형식은 4명의 플레이어가 플레이할 때 2:2 팀으로 구성되어 각자의 플레이어가 샷을 한 후 각 2명의 팀에서 좋은 자리를 선정하여 샷을 하여 가장 좋은 스코어를 낼 수 있는 방식이다.

스크램블 형식은 그 자체로 골프 용어의 역사를 가지고 있지는 않지만, 이러한 경기 방식이 어떻게 형성 되었는지는 알려져 있다. 스크램블은 일반적으로 1950년대 후반부터 1960년대 초반에 미국에서 인기를 얻기 시작했다. 초기에는 비공식적인 경기 형식으로 시작되었으며, 골프 클럽이나 소셜 그룹에서 자주 즐겨 쳤다.

이러한 경기 형식은 다양한 골프 능력을 가진 사람들이 함께 플레이하기에 이상적이었다. 골프 경험이 부족한 사람들도 팀의 다른 멤버들과 함께 플레이하면서 즐길 수 있었고, 전문적인 골퍼들도 다른 선수들과 함께 경쟁하면서 기술을 발휘할 수 있었다.

스크램블은 골프의 사회적인 측면을 강조하면서도, 경기의 즐거움과 협동적인 요소를 부각시켰다. 이러한 이유로 스크램블 형식은 지금까지도 많은 골퍼들 사이에서 인기를 얻고 있다.

베스트 볼은 골프 경기 방식 중 하나로, 두 선수가 팀을 이루어 경기하는 형태이다. 각 홀에서 팀원 중 하나의 최고 성적만을 사용하여 경기를 진행하는 방식이다. 이 경기 방식의 유래는 골프의 초기 역사로 거슬러 올라가며, 정확한 출처는 명확하지 않지만, 일반적으로 스코틀랜드에서 발전하였을 것으로 추정된다.

베스트 볼은 주로 팀 워크와 협력을 강조하는 형태의 골프 경기로 알려져 있다. 두 선수가 팀을 이루어 경기하기 때문에 서로의 스킬을 보완하고, 상대의 성과에 영향을 미치는 방식으로 경기가 진행된다.

이러한 형태의 골프 경기 방식은 골프를 단순히 개인적인 경쟁이 아닌 팀으로서의 경기로 즐기는 것을 촉진하며, 친구나 가족과 함께 즐길 때 매우 인기가 있다. 따라서 베스트 볼은 골프 경기의 다양성을 높이고, 팀워크와 협력을 증진시키는 데 기여하고 있다.

골프가 전문화되면서 경기 방식도 발전해왔다.
스킨스(Skins)와 같은 경기 방식은 프로 골퍼들 사이에서 인기를 얻으면서 골프의 경기 방식에 새로운 차원을 불어넣었다. 또한 골프 대회와 토너먼트에서 다양한 경기 방식을 적용하여 관중들에게 더 많은 엔터테인먼트를 제공하고 있다.
"스킨스"는 골프 경기 방식 중 하나로, 각 홀 마다 상금을 걸어 그 홀에서 이기면 상금을 가져가는 방식이다.

피부의 복수형인 스킨스가 왜, 골프 경기 방식이 되었을까?
골프에서 스킨스 = 상금을 의미하는데, 이 의미를 유추하기 위해서는 인디언 시대에 동물의 가죽이 돈이었던 시절을 떠 올리면 이해하기 쉽다. 지금도 숫사슴을 뜻하는 벅스(Bucks)가 미국에서는 돈(달러)을 뜻하니 말이다.

미국에서 10 달러라고 말하는 것보다 더 흔하게 듣는 말이 바로 10 벅스다. 과거 화폐가 없던 인디언 시절에는 동물 가죽이 화폐처럼 사용되어서 골프 경기에서 홀마다 승자가 상금을 가져가는 방식을 스킨스라고 부르게 되었다는 설이 있다.

스킨스의 유래에 관한 또 다른 학설을 보면,

> **1790년 전** "스킨(Skin)"의 뜻은 범죄자들이 사용하는 슬랭어로 '다른 사람의 지갑'이라는 뜻으로 스키닝(skinning)이라는 행위가 바로 다른 사람의 지갑을 훔치는 행위를 말함
>
> **1812년** 도박에서 다른 사람의 돈을 다 따는 것을 그 사람을 스키닝한다고 표현함
>
> **1819년** 불공정한 방법으로 다른 사람의 돈을 빼앗는 행위를 뜻하는 것으로 이를 피부를 벗긴다고 표현함
>
> **1983년** 당시 최고 프로 선수인 빅 포(Big four) 잭 니클라우스(Jack Nicklaus), 아놀드 파머(Arnold Palmer), 개리 플레이어(Gary Player), 톰 왓슨(Tom Watson)이 아리조나 스코데일에 위치한 데저트 하이랜드 코스에서 프로 선수들 최초로 스킨스 게임을 했다. 한 홀 상금이 당시 투어 경기 상금의 두 배 이상이었다고 하니 경기를 하는 선수나 그 경기를 지켜보는 갤러리 모두 긴장으로 인한 새로운 즐거움을 주었다.

골프의 다양한 경기 방식은 골프를 즐기는 사람들에게 다양한 선택지를 제공하고, 경기를 더욱 흥미롭고 즐겁게 만들어주고 있다.

 스트로크 플레이는 골프의 탄생지인 스코틀랜드에서 시작되었으며, 이 형식은 각 선수가 필요한 총 스트로크 수를 기록하여 경기를 완료하는 방식으로, 골프의 근본적인 형태 중 하나가 되었다.

제 3 장
현대 캐디 역사

모든 직업에는 역사가 있고, 캐디 또한 역사를 가지고 있다.

어디서 시작되었고, 어떤 과정을 거쳐 현재의 직업으로 자리 잡았는 지에 관한 흥미진진한 이야기가 역사의 뒷면을 장식하고 있다. 시대에 따라 캐디가 어떻게 변화해왔고, 어떻게 현대 캐디가 되었는지 그 과정을 알아보자.[4]

1. 캐디의 변천사

캐디는 역사적 흐름과 시대의 필요성에 의해서 생겨났고, 당시 시대 환경과 골프 환경, 기술 변화에 따라 캐디 역할도 바뀌어 갔는데, 가장 큰 변화를 가져 온 것이 바로 골프 볼의 발전과 카트의 등장이라고 할 수 있다.

첫 번째, 보디가드(Bodyguard) 시대

메리 여왕이 골프를 즐길 때 바로 옆에서 혹시 모를 잠재적 위험으로부터 여왕을 보호 할 목적으로 골프 클럽을 들고 서 있는 르 카뎃(Le Cadet)들이 바로 캐디의 시초 모습이다.

이 때 원 캐디, 원 백이라는 개념도 없었을 것이고 물론 골프 백 자체도 없어서 카뎃들이 [그림 1-3]에 보이는 것처럼 골프 클럽을 한 손에 들고 있었다. 위 [그림 1-3]에서 보이 듯이 경호 업무도 겸했을 것으로 보인다.

두 번째, 포터(Porter)의 시대

16세기 보디가드의 시대를 거쳐, 17세기부터는 포터의 시대가 되었다. 여기서 포터란 호텔이나 역 등에서 손님의 짐을 옮겨 주고 팁을 받는 사람을 말한다.

18세기 스코틀랜드 지방 특히, 에딘버러에서 잔 심부름을 하거나 잡다한 것들을 전달해주는 소년, 특히 물을 전달해 주는 역할을 하는 소년이라는 뜻으로 사용 되었으며, 1711년 에딘버러 지역사회에서 처음 만들어졌다. 골프를 치던 초창기 시대에는 골프 백이 만들어지지 않았기 때문에 캐디가 골프 클럽 여러 개를 팔에 끼고서 골퍼들을 따라 다녔다. 그래서 포터(짐꾼)라는 개념이 사용되었다.

> **잠깐 상식: 골프 백은 언제 만들어 졌을까?**
> 골프 백은 1800년대 후반에 처음 등장하였고, 골프 백이 등장하기 전에는 골프 클럽을 끈으로 묶어서 들고 다녔다고 한다. 끈으로 묶기 전에는 여러 개의 골프 클럽을 가지고 다녔는데, 현재의 캐디들이 하고 있는 클럽 핸들링 방식과 유사하다.
> 카뎃이 가지고 다녔던 클럽은 그 숫자도 적었고 가지고 다니는 방식 자체도 현재와는 사뭇 많은 차이가 있어 보인다. 초기 캐디들은 코스 관리를 도왔으며 1890년에 이르러 세인트 앤드류스의 캐디들의 노력으로 현대 골프의 혁신적 모습인 골프백을 고안함으로 인해서 골프 클럽을 핸들링하기 쉬워졌다.

세 번째, 포어 캐디(Fore Caddie)의 시대

17세기 포터의 시대와 함께 새로운 캐디의 역할이 등장하는데, 캐디의 역할 중에 가장 전문적인 역할로 언급된 것이 바로 포어 캐디의 시대다. 포어 캐디가 등장하게 된 결정적인 계기는 기술과 골프 룰의 발전으로부터 시작된다.

그 때까지 사용되었던 나무 볼 대신에 1743년도부터 약 100년간 젖은 가죽 안에 거위 깃털을 가득 채운 후, 가죽이 마르면서 점점 부피가 줄어 들어 볼을 더욱 단단하게 하는 페더리 볼(Feathery Ball) 시대가 시작되었다. 1830년경에 만들어진 페더리 볼은 바느질 자국이 안보이는데 이는 깃털을 안에 넣고, 바느질을 안에서 했기 때문이다.

골프 볼 변천사를 보면 처음에는 나무로 만든 골프 볼, 두번째로 등장한 것이 새 깃털로 만든 페더리 볼이다. 페더리 볼은 제조공정이 까다로워 한 명의 기술자가 일주일에 생산할 수 있는 양이 50~60개로 한정되어 있어서 가격이 굉장히 비쌌고 내구성도 굉장히 취약하여 한 개의 페더리 볼로 2-3홀 정도 사용하다가 교체했다고 한다.

네 번째, 프로골퍼가 되기 위한 시대

19세기 초반 세계 최초 프로 골퍼로 알려진 앨런 로버슨(Allen Roberston, 1815-1859), 그는 캐디로 시작해서 집안 대대로 페더리 볼을 만들었으며, 골프 클럽 나아가 골프 코스까지 만들었다. 그는 당시 챔피언 골퍼(Champion Golfer)라는 칭호를 받는 내기 골프에서 진 적이 없는 무패의 골프 신이었다. 그의 밑에서 캐디를 배우면서 성장한 올드 톰 모리스(Old Tom Morris, 1821-1908)

지금도 디 오픈(The Open) 우승자를 챔피언 골퍼라고 한다.

가장 오랜 역사를 가지고 있는 디 오픈은 1859년 앨런 로버슨이 갑자기 죽음으로 인해, 그를 지칭하던 챔피언 골퍼를 뽑기 위해 1860년 8명의 캐디 출신 프로 골퍼가 모여서 대회를 치루면서 시작되었다.

프로 골퍼가 되기 위해서 거쳐야 할 관문으로 생각되었던 캐디

캐디 출신으로 유명한 프로 골퍼는 다음과 같다.

디 오픈 3회 우승의 올드 톰 모리스, 디 오픈 6회 우승의 주인공 해리 바든(Harry Vardon, 1870-1937), 1873년 디 오픈 우승자 톰 키드(Thomas Kidd), 1876년 우승자 밥 마틴(Bob Martin), 1883년 우승자 윌리 퍼니(Willie Fernie), 1913년 US Open 우승자 프랑시스 위멧(Francis Ouimet), 1916년 US 오픈과 US 아마추어를 동시 우승한 칙 에반스(Chick Evans), 1922년 US 오픈 우승자 진 사라젠(Gene Sarazen), 통산 메이저 9승 벤 호건(William Ben Hogan), 사상 최초로 4개 메이저 대회를 우승한 샘 스니드(Sam Snead), 1922년 미국인 최초로 디 오픈을 우승한 월터 하겐(Walter Hagen), 아직도 기록이 깨지지 않고 있는 메이저 18승과 PGA 73승의 잭 니클라우스(Jack Nicklaus) 등

다섯 번째, 하우스 캐디의 암흑기와 프로 캐디의 등장

1918년 미국에서 초등학교 의무교육 법안이 통과되었다. 당시 골프장 근처에 사는 어린이들이 캐디를 많이 했었는데, 어린이는 학교에서 공부를 해야 했기 때문에 캐디가 점차 사라지는 계기가 만들어진다.

이 여파는 1950년대 후반에 엄청난 파급효과를 가져온다. 캐디가 부족해진 것이다. 캐디가 부족해지면서 1950년대에 전격적으로 카트가 도입되고, 카트가 도입되면서 다시 하우스 캐디가 없어지는 악 순환구조가 생겨났다.

하우스 캐디가 없어지기 시작하면서 프로 골퍼들이 캐디를 구할 수 없게 되자, PGA 대회에서 하우스 캐디 대신 프로 캐디를 고용할 수 있도록 허용하면서 본격적인 프로 캐디 시대가 열리게 된다.

여섯 번째. 한국적 캐디의 시작

2000년대 한국적 캐디가 등장하기 전, 캐디들은 지금처럼 세분화된 업무를 했던 것이 아니라 플레이어 1명이나 2명을 서브하면서 골프 클럽을 가지고 이동하면서, 모래 주머니를 가지고 다니며 배토를 하던 것이 주 업무였다.

지금 동남아시아 캐디들이 하는 업무와 유사하다. 그러나, 2000년대에 골프장에 5~6인용 카트가 전격적으로 도입되기 시작하면서 캐디 1명이 플레이어 4명을 담당하는 1캐디 4백이라는 세계 최초로 한국적 캐디가 등장하기 시작한다.

2. 캐디 변천 과정에서 만들어진 캐디 업무

지난 500년에 걸쳐 일어난 캐디 업무의 변화는 현대 한국적 캐디를 등장시키면서 캐디가 하는 일에 많은 영향을 끼쳤다.

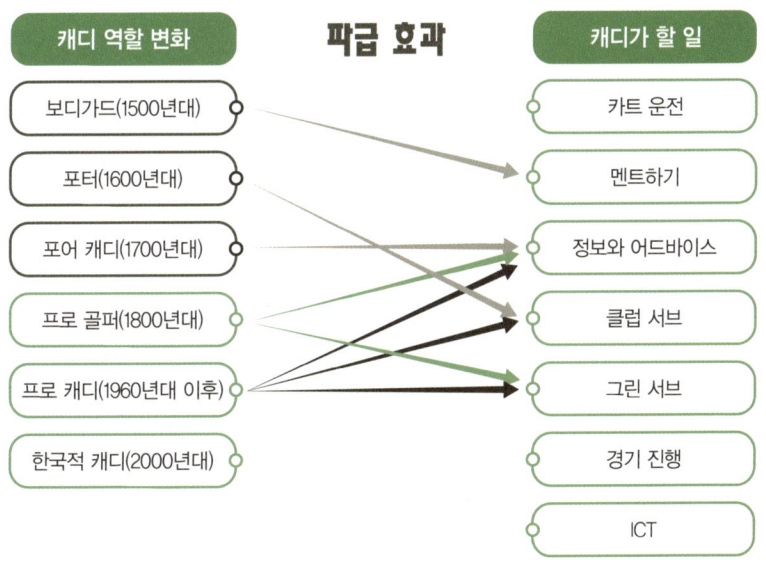

[그림 3-1] 캐디 역할 변화가 캐디 업무에 미친 영향

500년간 발전된 캐디 업무는 한국적 캐디로 집결된다. 최초 캐디가 여왕을 보호하던 보디가드 업무가 현대로 내려와서 플레이어의 안전을 책임지는 역할을 담당하게 되며, 멘트를 통해서 플레이어의 안전을 확보한다. 클럽을 운반해주는 포터의 역할은 클럽 서브로 그대로 전이되었으며, 플레이어의 볼이 어디 있는 지를 확인해주는 포어 캐디 역할은 정보와 어드바이스에 포함되어 있다.

모든 프로 대회를 석권했던 프로 골퍼의 시대의 유전자는 플레이어에게 어드바이스를 하는 역할과 그린 서브하는 역할로 내려왔으며, 1960년대에 시작된 프로 캐디는 플레이어에게 정보와 어드바이스, 클럽서브, 그린서브를 하고 있다. 가장 흥미로운 한국적 캐디는 500년 캐디 역사의 집대성이며, 새롭게 카트 운전, 경기진행, ICT라는 업무를 추가해서 발전해 오고 있다.

3. 현대 캐디

현대 캐디를 한마디로 표현하자면, 바로 어드바이저(Adviser)다. 초기 캐디들이 주로 노동력 제공을 목적으로 했다면, 현대 캐디는 골프 전문가로서 높은 수준의 지식과 기술을 요구한다.

캐디는 골퍼에게 정확한 클럽 선택과 적절한 샷의 방법을 조언하고, 경기 전략을 구상하는 데 도움을 줘야 한다. 또한 골퍼의 심리적 상태를 이해하고 그에 맞게 지원하는 역할을 하며, 골퍼의 능력과 선호도에 따라 최적의 결정을 내리는 데 도움을 준다. 뿐만 아니라, 캐디는 골프장의 지형과 조건을 잘 파악하여 골퍼에게 거리, 풍향, 그린 상태 등의 정보를 제공한다. 이를 통해 골퍼는 최상의 결과를 얻을 수 있다.

또한, 캐디는 플레이어와의 원활한 커뮤니케이션과 팀워크가 필수적이다. 골퍼와 캐디는 상호 신뢰 관계를 유지하여 효과적인 협력을 이루는 것이 중요하다. 이러한 어드바이저로서의 역할은 골프 경기 결과에 큰 영향을 미치며, 골프 경기에서 캐디의 역할은 더욱 중요하고 존경받는 존재로 자리매김하고 있다.

과거의 캐디가 하는 일은 골퍼의 클럽을 운반하는 단순한 일이었지만, 현대 캐디는 다른 운동경기 코치와 같이 골프 코스에 장애물 등과 거리 등을 파악해서 골퍼들에게 어떤 클럽을 공략하는 것이 제일 좋은지에 대해서 조언 하는 일을 하고 있다.

[그림 3-2] 1922년 설립된 대한민국 최초의 골프장 효창원

[출처: 대한 골프 협회]

2000년대 캐디는 골퍼와 함께 경기장에 들어갈 수 있는 유일한 존재이며, 골프 산업의 성장과 함께 캐디의 역할은 전문화되고 기술적으로 발전했다. 캐디는 골퍼의 클럽 선택, 샷의 방향과 강도 조절, 그린의 상태 등을 고려하여 조언하는 어드바이저로서 역할을 수행한다.

최근 몇 십년간의 발전으로 캐디의 역할은 기술의 도입과 함께 더욱 진화하고 있다. GPS 기술과 데이터 분석 등의 기술을 활용하여 골퍼에게 정확한 코스 정보를 제공하고 거리 측정 등의 기술적 지원을 제공하고 있다. 이처럼 캐디의 역할은 골프 산업과 문화의 변화에 따라 점차 변화하고 발전해왔으며, 현재에 이르러서도 새로운 기술과 서비스의 도입으로 계속해서 진화하고 있다.

한국에서 최초의 골프장은 근대적인 골프의 도입과 함께 조성되었다. 그러나 정확한 최초의 골프장은 명확하게 기록되어 있지 않다. 한국에서 골프가 처음 소개된 것은 20세기 초반으로 알려져 있으며, 초기에는 외국인들에 의해 소규모로 운영되었던 것으로 알려져 있다.

1930년대 후반부터 1940년대 중반까지 일본 식민지 시대에는 한국에서 일본인들을 위한 골프장이 조성되었다. 이러한 골프장은 주로 일본인들이 이용하거나 일본인들에 의해 운영되었으며, 한국인들의 골프 활동은 제한적이었다.

한국 전쟁 이후 1950년대 후반부터 1960년대에는 대한민국 정부의 경제 발전 정책과 함께 골프가 점차 보급되면서, 국내 최초의 골프장이 조성되었다. 하지만 이러한 초기의 골프장은 주로 일부 사업가나 외국인들의 소유로 운영되었으며, 대중들의 이용이 제한적이었다.

1921년 6월 1일 한국 최초의 골프장이 용산구에 자리 잡았다. 기록된 사실만 역사라는 관점에서 본다면 현재로서는 효창원 코스가 우리나라 최초의 골프 코스임이 틀림없다.

영국, 미국과 마찬가지로 한국 골프계의 전설들도 캐디 출신들이 많다.

1941년 한국인 최초로 일본 오픈에서 우승한 연덕춘, 그의 제자 였던 한장상, 한국 프로골프협회 최다승인 43승을 기록한 최상호, 박세리 이전 한국프로골프의 선구자였던 구옥희도 캐디 출신이다.

골프 코스

Part 2

제 4 장　골프장 종류
제 5 장　골프 코스 구성

2부에서는 캐디가 근무하는 골프 코스에 대해서 알아보고자 한다.
골프 코스 또는 골프장, 골프 클럽, 컨트리 클럽 등 다양한 이름으로 사용하고 있지만, 여기서는 골프 코스 또는 골프장을 혼용해서 사용할 예정이다.

골프 코스는 사용자와 구성 형태, 위치 등에 따라 다른 이름으로 부른다.
골프 코스 또한 코스 형태와 구성이 다르며, 골프 코스를 구성하는 기본 단위는 홀(Hole)이라고 부르며, 각 홀마다 다른 이름을 가지고 있고, 형태도 다 다르기 때문에 골프를 모르는 초보자라면 이해하기 약간 난해할 수도 있다.

골프를 모르는 사람들의 이해를 돕기 위해서 1부 역사에 상당부분을 할애해 골프 코스가 어떻게 생겨났고, 어떻게 발전했는지를 알아 보았다.
본 2부에서는 조금 더 구체적인 방법으로 골프 코스를 설명할 예정으로, 골프 코스에서 캐디들이 어떤 일을 하는 지를 생각하면서 2부를 공부한다면 많은 도움이 될 것이다.

제 4 장

골프장 종류

위에 설명했듯이 골프장을 골프 코스, 골프 클럽이라고 부른다.

아래에 설명할 골프 클럽을 뜻하는 용어는 3가지, 골프 모임, 골프장, 골프채를 모두 다 영어로 골프 클럽이라고 한다. 골프장은 회원과 목적에 따라 구분할 수 있는데, 보다 자세한 설명은 아래와 같다.

[그림 4-1] 제주 나인브릿지
[출처: 나인브릿지 홈페이지]

1. 골프장 종류

회원제 골프장은 일반 대중이나 비회원에게는 제한된 혜택을 주는 골프 클럽을 말한다. 이러한 골프장은 특정 회원들을 위한 프라이빗(Private) 한 경험을 제공하며, 회원제 골프장을 이용하기 위해서는 회원 자격이 있어야 한다.

회원제 골프장의 특징은 다음과 같다.

골프를 즐기는 개인이나 가족들이 특정 자격 요건을 충족하고 멤버십(Membership) 비용을 납부해야 회원이 될 수 있다. 회원 가입을 통해 클럽은 일정 수준의 독점성과 서비스 품질을 유지할 수 있다.

골프장에서 회원 위주로 우선 예약 및 코스 이용이 가능하다. 회원들은 퍼블릭 골프장에 비해 더 우선적으로 티 타임을 예약하고 코스를 이용할 수 있기 때문에, 회원제 골프장은 회원들이 더 편안하고 편리하게 골프를 즐길 수 있도록 돕는다.

회원제 골프장은 골프 이용에 더해서 다양한 클럽 시설과 서비스를 제공한다. 회원제 골프장이 제공하는 시설에는 클럽 하우스, 레스토랑, 수영장, 테니스 코트, 사우나 등이 포함되는데, 종종 티오프(Tee-off) 시간 전에 수영장에서 수영을 즐기다가 티오프 시간에 맞춰서 나오는 고객들이 보이곤 한다.

사회적 활동으로 회원들은 골프장에서 진행하는 다양한 사회적 행사나 골프 대회에 참여할 수 있다. 이는 멤버들 간의 교류를 촉진하고 친목을 도모하는데 도움이 된다. 회원제 골프장 클럽 하우스 벽면에는 회원 골프 대회를 1년에 한번 열어 우승자를 표시해 놓은 골프장도 있다. 이 때, 하우스 캐디들이 최고의 회원을 뽑기도 한다.

회원간 네트워킹의 기회를 제공하는데 회원제 골프장은 다양한 배경과 직업을 가진 회원들이 함께 모이는 장으로서 비즈니스 및 사회적 관계를 형성하고 발전시키는데 유용하다. 회원제 골프장은 골프를 좀 더 편안하게 즐길 수 있는 독특한 경험을 제공하며, 회원들에게 특별한 혜택과 서비스를 제공하여 그들의 만족도를 높이는 것을 목표로 한다.

회원제 골프장에도 종류가 있는데, 프라이빗 클럽(Private Club)과 멤버십 클럽(Membership Club)이 있다. 프라이빗 클럽은 개인 비영리 클럽으로 그 클럽 회원만을 위하여 설립하고 회원과 그 동반 고객만을 위해 운영되는 골프장으로 모든 이벤트는 회원들의 자체적, 자발적 참여로 이루어 진다.

멤버십 클럽은 운영 및 경영을 맡은 소유주가 회원을 위하여 클럽을 설립하고 회원 및 비회원들로 운영하는 골프장으로 한국과 일본의 대다수 회원제 골프장이 멤버십 형식이다.

비회원제 골프장은 일반 대중에게 공개된 골프 코스를 말하며, 이러한 골프장은 누구나 예약을 하고 그린 피(Green Fee, 코스 이용료)를 지불하면 이용할 수 있다. 비회원제 골프장은 민간 소유나 공공 소유일 수 있으며, 일반적으로 다음과 같은 특징을 갖는다.

첫번째, 특정 서비스나 공간을 이용하려면 먼저 회원 가입을 해야 한다. 즉, 비회원은 접근이 불가능하다.
두번째, 미리 예약하여 특정 시간대에 티 타임을 확보할 수 있으며, 다양한 가격대의 그린피를 제공한다. 이로써 예산에 맞춰 골프를 즐길 수 있는 옵션을 선택할 수 있다.
세번째, 고객에 대한 관리와 통제가 용이하여 보안, 안전성이 높다.
네번째, 비회원제 골프장은 종종 광고와 프로모션을 통해 특별 할인 혜택을 제공한다. 이는 골프를 쉽게 접근 가능하게 만들어 준다.

퍼블릭 골프장은 골퍼들에게 공개된 공간을 제공하여 다양한 연령층과 경험 수준이 다른 사람들이 골프를 즐길 수 있으며, 이는 골프를 보다 포괄적이고 친근한 스포츠로 만들어주는데 기여할 목적으로 만들어졌다.

비회원제 골프장과 퍼블릭 골프장은 서로 다른 개념의 골프장으로 봐야 한다.
비회원제 골프장은 골프를 치기 위해 사전 등록이 필요한 반면, 퍼블릭 골프장은 아무나 자유롭게 접근할 수 있다. 비회원제는 회원 가입 절차로 인해 보안, 고객 관리에 유리하지만 접근성이 떨어지고, 퍼블릭은 누구나 자유롭게 접근할 수 있어 접근성이 높지만 보안, 관리에 불리한 점이 있다. 목적과 상황에 따라 적절한 방식을 선택해야 한다.

퍼블릭의 장점은 비용 및 노력 절감으로 운영에 유리하며 잠재 고객 확보가 가능하다. 지난 2022년 1월 20일, 문화체육관광부가 발표한 '골프장 이용 합리화 및 골프산업 혁신 방안'은 대한민국의 골프장 체제를 회원제, 비회원제, 대중형의 3가지 체제로 개편하는 것을 목표로 하고 있다.

기존에는 회원제와 대중제, 2가지 체제만 있었으나, 이러한 이분 체제를 폐지하고 새로운 체제를 도입하려는 목적은 대중적으로 이용할 수 있어야 할 대중제 골프장의 그린피가 높아지면서 발생한 논란을 해소하고자 한 것이다. 최근 2023년 조사에 따르면 대중제 골프장의 그린피가 회원제 골프장에 비해 높은 경우가 많아졌는데, 이로 인해 소비자들의 불만이 커지고 있다. 이에 따라 문화체육관광부는 회원제, 비회원제, 대중형 3가지 체제로 골프장을 개편하여 소비자들에게 더 합리적인 서비스를 제공하고자 한다.

특히, 비회원제 골프장 중 그린피가 비싼 경우에는 대중형으로 분류하여 개별소비세를 부과할 계획이며, 이러한 세금은 골프 꿈나무 육성이나 공공 골프장 확충 등 골프 대중화를 위한 재원으로 사용될 예정이다.

이러한 정책 방향은 골프 시장에서의 공정성과 소비자 보호를 강화하기 위한 것으로 평가받고 있다. 골프 업계와 정부가 함께 협력하여 이러한 변화가 성장하는 골프 시장에 도움이 되는 방향으로 나아가기를 바란다.

2. 골프장 호칭

골프장은 다양한 기후와 계절 그리고 자연환경과 조화를 이루면서 만들어 진다. 이렇게 만들어진 골프장을 찾아가는 과정에 우리는 골프장 이름 뒤에 붙어 있는 GC와 CC라는 명칭을 쉽게 볼 수 있다.

GC와 CC 차이를 회원제와 퍼블릭 차이라고 아는 사람들이 많다. 물론, 아니다.

골프장 규모로 보면 CC가 크다 보니 회원제라고 생각하는 사람들이 많지만, 퍼블릭 골프장과 회원제 골프장 차이는 법률적으로 구분하는 것이 올바르다.

G.C는 Golf Club, C.C는 Country Club의 약자다.

'GC'는 '골프장(Golf Course)'을 의미하는 말로, 이 용어는 골프 역사와 밀접한 관련이 있다.

'GC'라는 단어는 초기 골프장이 형성되고 확장되면서 자연스럽게 사용되기 시작했다. 현대 골프는 15세기 스코틀랜드에서 시작되었으며, 그 이후로 다양한 골프장이 생겨나기 시작했다.

최초의 골프장은 지금의 골프장 형태가 아니라 풀들이 자라는 넓은 벌판이라고 생각하면 맞을 것이다. 그러나 시간이 지나면서 더 많은 사람들이 골프를 즐기기 시작했고, 이에 따라 골프장도 점차 변화하기 시작했다. 이러한 변화 과정에서 'GC'라는 단어가 골프장을 지칭하게 되었다.

지금은 'GC'라는 용어가 일반적으로 골프 코스를 가리키며, 전 세계적으로 골프를 즐기는 사람들에게 익숙한 용어가 되었다.

컨트리클럽(Country Club)이란 원래 골프장이 아닌 각종 스포츠 시설을 갖춘 종합 레저타운이라는 의미로 사용되었다. CC는 원래 도시 근교에 각종 스포츠 시설 특히 승마 시설을 만들어서 상류층 남성들을 모집하기 위해서 만들어진 휴양 시설이었다.

1880년대 초반 미국의 백인 상류층 회원들만이 가입할 수 있었던 사설 클럽이었기 때문에 아프리카계, 아시아계, 히스패닉계 미국인과 유대교, 카톨릭 교도에게는 매우 배타적이었으며, CC란 명칭은 설립 장소가 도심이 아닌 컨트리(Country), 시골에 만들어졌기 때문에 컨트리 클럽이라고 했다.[1]

초기 컨트리 클럽은 주로 승마 관련 스포츠(코칭, 경주, 점프, 폴로, 여우사냥)에 중점을 두었고, 골프 코스가 생겨난 것은 조금 후인 1880년대 후반부터다.

1886년 뉴욕 애슬레틱 클럽(NYAC)이 트래버스에 세운 CC에는 극장, 식당 등과 사냥, 낚시, 스케이팅, 눈썰매, 사격, 승마 등과 같은 스포츠 시설만 있었으나 골프 코스가 등장한 것은 1889년이었다. 1882년에 설립된 브루클린의 '더 컨트리클럽(The Country Club)에 골프장이 들어선 것도 10년 후인 1893년이었다.[2]

초창기 컨트리 클럽 회원들은 좋은 음식, 각종 레저 스포츠 활동을 목적으로 활동했으나, 1890년대부터 골프 붐과 함께 골프는 컨트리클럽의 주된 스포츠로 등장하게 되었다.

1902년 인기가 치솟고 골프 장비가 진화되면서, 골프 볼의 비거리가 늘어나자 골프 코스의 길이와 폭을 확장해야 했고, 자동차 문화의 성장으로 마상 스포츠의 인기가 시들해지면서 골프가 다른 스포츠 시설 부지를 대체하기 시작했다. CC의 가장 넓은 곳이 바로 골프 코스로 바뀌었고, 이와 같은 현상이 다른 CC에 영향을 미쳐, 골프장이 엄청나게 생겨나게 된다.

이렇게 역사적 배경은 다르지만, CC를 GC(Golf Club)와 같은 개념으로 사용하는 나라도 있고, 이를 엄격하게 구분해서 사용하는 나라도 있다. 엄격히 말하자면 골프 시설만 있는 곳을 GC라고 하는 것이 맞고, 그 외 골프장을 CC라고 하는 것이 올바른 용례인데, 이를 구분해서 사용하는 대표적인 나라가 일본이다.

우리나라의 경우 일본의 영향을 많이 받아서 GC가 아닌 CC란 명칭을 사용하게 된 것으로 보인다. 미국과 호주의 경우 지금도 CC는 종합 레저 타운이며, 골프만 할 수 있는 회원제 골프장을 GC라고 한다.

골프의 고향, 세인트 앤드루스의 R&A(Royal and Ancient Golf Club)도 GC라는 명칭을 사용한다. 역사와 전통을 자랑하는 미국의 골프클럽도 GC를 쓴다. 뉴욕 롱 아일랜드의 시네콕 힐스 골프 클럽(Shinnecock Hills Golf Club, 1891), 시카고 골프 클럽(Chicago Golf Club, 1895), 남자 메이저 대회가 열리는 오거스타 내셔널 골프 클럽(Augusta National Golf Club, 1993)등도 GC를 사용하고 있다.

> ### 골프 클럽(Golf Club)
> 골프 클럽은 말 그대로 골프만을 위한 시설을 갖춰진 골프장을 말한다. 우리나라 골프장의 대부분이 G.C에 해당한다. 그러나 아직까지 국내 대부분의 골프장은 C.C로 표기하고 있는 실정이다. 비록 클럽하우스는 있지만 그렇게 웅장하지 않아도 되며 클럽 하우스 내의 식당 수준도 간단한 음식을 먹을 수 있는 장소만 있으면 충분히 가능한 시설을 갖춘 조금은 형식을 완화시킨 골프장이라고 할 수 있다.
>
> ### 컨트리 클럽(Country Club)
> 우리가 흔히 골프장으로 알고 있는 컨트리 클럽은 일반적으로 알고 있는 개념보다 좀 더 포괄적인 의미를 담고 있다. 골프장이 없더라도 테니스코트, 게이트볼 장, 수영장 등의 휴양시설이 있는 클럽을 말할 수 있다.

컨트리 클럽은 회원제로 운영되며, 일반적으로 고급스러운 분위기와 서비스를 제공한다. 따라서 골퍼들 만이 아니라 골프 이외의 스포츠를 즐기려는 사람과 가족 단위의 구성원들도 컨트리 클럽에 있는 부대시설을 이용할 수 있으나, 대부분이 골프장을 갖추고 있기 때문에 CC가 골프장의 대명사로 되어 버린 경우가 많다. 원래 CC는 모든 스포츠 활동 및 사교 활동이 이루어질 수 있도록 골프 코스, 승마장, 테니스, 수영장 등 시설을 갖추고 회원들을 위한 파티, 연회 등 사교성이 강한 클럽이다.

[그림 4-2] 미국 T.P.C 현황　　　　　　　　　　　　　　　　　　　[출처: TPC.com 캡처]

여기서 더 나아가 리조트까지 있는 곳을 GOLF & RESORT, 이를 줄여서 GR 이라고 한다.

TPC라는 용어는 Tournament Player Club의 이니셜로, 공식적인 토너먼트 골프대회를 치를 수 있는 시설을 갖춘 골프장을 의미한다. 미국의 PGA Tour 대부분이 TPC 코스에서 치러진다. TPC.com에 따르면 미국 내 TPC골프장은 29개이며, 우리나라에는 양평TPC가 유일하다.

[출처: 양평 TPC 홈페이지]

[그림 4-3] 양평 T.P.C

제 5 장
골프 코스 구성

캐디에게 있어서 근무하는 골프 코스가 무척 중요하다.

　산악 코스보다 링크스 코스에서 근무하기가 무척 쉽고 편하다. 그 이유는 원래 링크스 코스는 바닷가 근처에 만들었기 때문에 평지가 대부분이며, 나무가 크지 않고 조그마한 나무들이 많아서 볼이 잘 보이고, 코스 밖으로 나가면 찾을 수 없는 경우가 많기 때문에 볼 보기도 쉽고 볼 찾기도 쉽고, 이동하기도 편리하게 때문에 캐디가 근무하기 유리하다.

　반면, 산악 코스일 경우 코스가 높낮이 변동이 심하고, 심지어 볼 보기도 쉽지 않은 코스도 많으며, 볼을 찾으려면 산속으로 들어가야하는 경우도 많기 때문에 캐디 입장에서 링크스 코스보다 훨씬 불리하다고 할 수 있다. 이렇게 캐디 근무와 밀접한 관계에 있는 골프 코스에는 어떤 것들이 있는 지 알아보자.

1. 코스 형태

한반도의 지형 분류 결과를 보면, 저위 산지(26.2%), 중위 산지(22.2%), 저위 평지(18.5%), 고위 미경사지(10.7%)가 전지역의 77.5%를 차지하며, 고도는 높지 않지만 복잡한 지형의 구조적 특징을 지녀 상대적으로 경사가 급하고 지형이 다양하다.[3] 지형적 특징으로 인해 우리나라 골프장은 산을 깎아 만든 산악 코스가 유달리 많다.

[그림 5-1] 샤인데일 CC 산악 코스

산악 코스는 흔히 골프 코스 중에서도 지형이 고르지 않고 경사가 크거나, 산과 같은 지형으로 이루어진 코스를 말한다. 일반적인 평지에 위치한 코스와는 달리 도전적인 경험을 제공한다. 쉽게 말하면 어렵다.

산악 코스에서는 경사가 급한 언덕과 골짜기, 바위, 나무 등이 특징적인 장애물로 나타날 수 있다. 플레이어에게 추가적인 도전과 접근이 요구되는데, 공을 높이 날려야 하거나 다양한 클럽과 스윙 기술을 사용해야 플레이 할 수 있다.

산악 코스 코스의 언덕은 경사가 있는 지형으로, 골프 게임에 다양한 도전을 제공한다. 플레이어들은 언덕을 오르내리며 공을 쳐야 하기 때문에 정확한 샷 메이킹이 필요하다. 또한, 경치가 아름다운 자연 환경을 배경으로 골프를 즐길 수 있다. 산악 코스는 전문적인 골프 경기나 아마추어 플레이어들의 레저 활동을 위한 장소로 많이 이용되며, 도전적인 코스를 즐기는 플레이어들에게 인기가 많다.

[출처: 페블비치 홈페이지]

[그림 5-2] 페블비치 링크스 코스

바닷가 근처에는 링크스 코스(Links Course)와 사막 지형을 배경으로 하는 듄스 코스(Dunes Course)가 있다.

링크스 코스는 골프 코스의 주요 유형 중 하나로, 스코틀랜드에서 처음 개발 된 가장 오래된 골프 코스이며 링크스(Links)라는 단어는 고대 영어 단어, 스코틀랜드어 hlinc가 어원이다.

일반적으로 공원이나 황무지 코스보다 더 단단한 플레이 표면을 제공하는 모래 해안 지대에 건설된다. 링크스 코스의 지형적 특성은 바람이 많이 불고 건조한 풀이 많이 자란다는 것이다. 나무가 부족하고 해안가에 위치하기 때문에 대부분의 링크스 코스는 바람이 큰 요인으로 작용한다. 특히, 스코틀랜드의 링크스 코스는 바다와 인접한 모래덩어리와 평지 지역으로 구성되어 있기 때문에 코스가 어렵기로 정평이 나 있다.

주로 흙과 모래의 조화로 이루어진 지형을 가지고 있으며, 녹지가 거의 없거나 제한적이다. 이는 스코틀랜드와 아일랜드의 자연적인 환경을 반영하기 때문이다.

링크스 코스의 또 다른 특징은 바로 듄스라고 불리는 모래 사구의 존재다. 완만한 모래 언덕 수준이 아니라 웬만한 산보다 더 높은 곳(아일랜드)도 있으며, 이 때문에 링크스에는 블라인드 홀들이 많다. 또한 이러한 듄스가 두드러진 골프장은 이름에 듄스를 붙이기도 한다.

[그림 5-3] 오렌지 듄스 GC
[출처: 오렌지 듄스 홈페이지]

우리나라 최초의 듄스 코스는 인천 송도에 자리잡은 오렌지 듄스GC이다.

한국에서는 나무가 없고 평지인 코스가 익숙하지 않기 때문에 골프 코스에 대한 불만이 있는데 여기에 바닷가 특유의 바람까지 많이 불면, 정말 까다로운 플레이를 할 수밖에 없기 때문에 스코틀랜드 링크스 코스의 전통적인 경험을 즐기고자 하는 플레이어들에게 듄스 코스는 매우 매력적인 코스이다.

평탄하고 개방적인 지형을 가지고 주로 공원과 같은 분위기를 제공하는 파크 코스(Parkland Course)도 있다.

파크 코스는 주로 공원과 같은 분위기를 제공하는, 나무와 풀로 둘러싸인 평탄하고 개방적인 지형을 가진 골프 코스다. 주로 바다에서 멀리 떨어진 내륙 지방에 건설되며, 나무, 수목, 벙커 등과 같은 장애물들이 있고 넓은 페어웨이와 그린을 가지고 있다. 편안하고 쾌적한 게임을 제공하는 것이 특징이며, 보통 공원이나 놀이터와 같은 지역에 설계되어 있어 골프를 즐기면서 경치를 감상할 수 있다.

캐디는 산악 코스보다
링크스 코스에서 근무하는 것을
더 선호한다.
캐디들이 사용하는 말 중에
'코스가 바로 복지'라는 말이 있을
정도다.

[그림 5-4] 대표적인 파크 코스인 오거스타 내셔널 골프 코스

　자연적인 토지 움직임과 기복이 많지 않기 때문에 코스 설계자는 파크 코스에 흥미를 더하기 위해 훨씬 더 많은 작업을 수행해야 한다. 세계에서 가장 유명한 파크 코스는 오거스타 내셔널(Augusta National)이다. 오거스타 내셔널 골프장은 4대 메이저 대회 중 첫 번째로 열리는 마스터스 챔피언십 대회가 열리는 곳으로 유명하다.

2. 코스 구성

　각 홀들이 모아져 골프 코스를 이루며, 9홀, 18홀, 27홀, 36홀, 45홀…72홀로 한 코스에 9홀씩 증가 된다. 18홀 기준으로 보통 파3홀 4개, 파4홀 10개, 파5홀 4개로 18홀이 구성된다.

　라운드(Round)는 1번 홀부터 18번 홀까지 구성되는데, 1번 홀부터 9번 홀까지 클럽하우스에서 출발한다는 뜻으로 아웃 코스(Out Course), 10번홀부터 18번홀까지를 클럽하우스로 들어온다고 하여 인 코스(In Course)라고 한다.

코스의 이름을 인코스 아웃코스라고 부르지 않고, 골프장에서 코스 위치(동, 서, 남, 북 등)를 따서 짓거나 지역 이름(군산, 부안, 전주 등)을 붙이거나, 보석 이름(루비, 에메랄드, 다이아몬드, 토파즈 등)을 따서 별도로 지정해서 부르기도 한다.

1라운드 18홀을 마친 후 골프장 상황에 따라 홀 추가(보통 9홀 또는 18홀)가 가능하다. 코스가 18홀일 때, 두개 코스에서 동시에 경기를 시작하고 후반은 반대 코스에서 시작한다. 보통 먼저 도는 1코스(9홀)를 전반이라고 하고, 전반을 마치고 10분 정도 쉬는 타임을 갖고 나머지 후반 1코스(9홀)를 돈다. 3개 코스가 있는 27홀 골프장부터는 코스를 진행상황에 맞게 팀을 원래의 코스가 아닌 라운드하지 않고 남은 다른 코스로 이동하기도 한다.

코스는 O.B의 안과 밖으로 구분이 되는데, 밖은 장외지역이고 안은 플레이가 가능한 지역으로 말뚝이나 경계선으로 표시되어 있다.

[그림 5-5] 홀의 5구역을 표시한 골프 룰   [출처: randa.org]

골프 코스는 플레이가 이루어지는 모든 장소를 뜻하는 말이다. 코스는 5개 구역[4]으로 이루어 진다.

1) 티잉구역   2) 일반구역   3) 페널티구역
4) 벙커   5) 퍼팅 그린

4부 골프 용어에서 보다 자세하게 설명하겠지만, 이해의 편의를 위해 간략하게 설명하면 다음과 같다. 티잉구역은 플레이어가 홀을 시작할 때 반드시 플레이 하여야 하는 구역을 말한다.

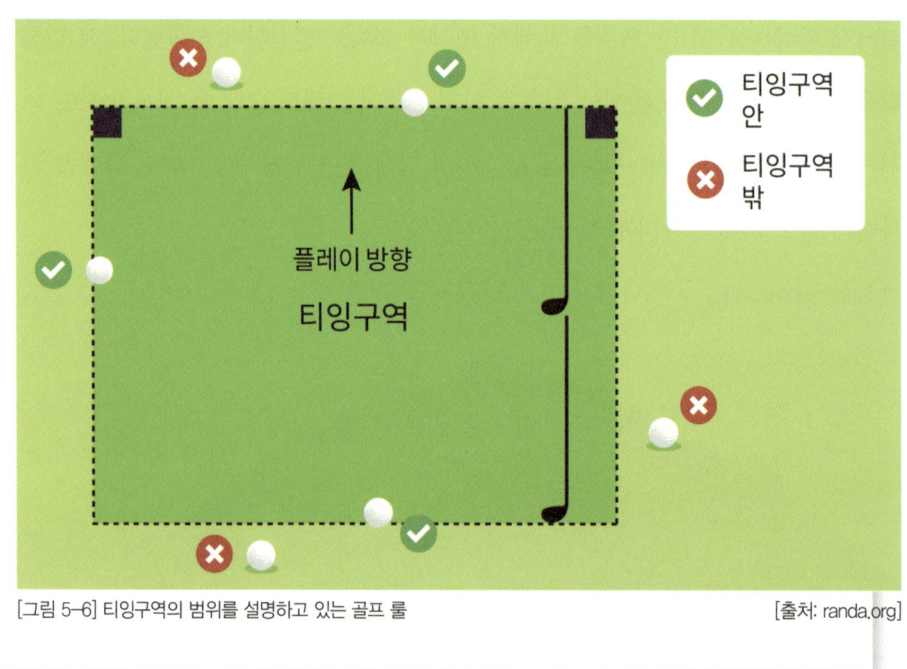

[그림 5-6] 티잉구역의 범위를 설명하고 있는 골프 룰   [출처: randa.org]

티잉구역은 규정된 두 클럽 길이를 가진 가상의 직사각형 구역이다.

티잉구역 내에는 2개의 티 마커[5]가 있고, 2개의 티마커를 연결한 가상의 선과 그 뒤편으로 두 클럽 내에 가상의 직사각형 범위 이내에서만 칠 수 있도록 되어 있다.

[그림 5-7] 소노펠리체 CC티잉구역

티잉구역에 표시된 티 마커는 각 골프장의 특성에 맞춰 레드 티, 엘로우 티, 화이트 티, 블루 티, 블랙 티 5개의 티잉구역을 오픈할 수 있으나, 일반적으로 대회 코스가 아닌 이상 레드 티, 화이트 티, 블루 티 3개 정도의 티잉구역을 갖추고 있다. 아마추어 남성인 경우 화이트 티, 여성이나 시니어인 경우 레드 티, 일반인이지만 장타인 경우 블루 티를 이용한다.

일반구역은 플레이하고 있는 홀의 특수 구역 외에 전체 구역이다.
코스 대부분을 차지하며, 볼이 퍼팅 그린에 도달할 때까지 플레이어가 주로 플레이하는 구역이다. 일반구역에는 페어웨이, 러프, 나무처럼 그 구역에서 볼 수 있는 모든 유형의 지면에서 자라거나 붙어 있는 모든 물체가 포함된다.

일반구역 중 페어웨이는 잔디 길이를 짧고 고르게 깎아 놓은 지역으로, 샷하기 좋은 곳이다. 샷을 하면 지면이 패이는 디봇이 생겨서 관리 상태의 정도에 따라 그 골프장 퀄리티를 가늠하는 척도가 될 수 있다.

러프는 페어웨이 바깥 쪽을 감싸고 있는 지역으로 잔디에 길이 따라 플레이 난이도를 구성하는 요소 중 하나다. 잔디 길이가 길면 로프트 각도가 세워져 있는 우드는 샷을 하기 힘들고 정교한 플레이를 할 수 있는 아이언 조차도 잔디의 저항을 받아 정확도와 비거리의 손실을 초래 할 수 있다.

벙커는 모래로 특별하게 조성 된 구역으로, 주로 풀이나 흙이 제거 된 채 움푹 꺼진 지형이다. 벙커로 조성 된 구역의 경계에 흙, 풀, 뗏장, 인공 자재로 만들어진 턱이 있고, 경계 안에는 흙, 모래로 된 구역이지만, 형태는 벙커인데, 그 안이 모래가 아닌 잔디로 구성되어 있는 벙커를 그래스 벙커(Grass Bunker)라고 한다.

벙커 전체를 수리지[6]로 규정하는 경우, 그 벙커는 일반구역의 일부로 간주 된다. 즉, 그 수리 중인 벙커는 벙커가 아니라는 것이다. 페널티 구역은 플레이어의 볼이 그 구역에 정지한 경우, 1벌타를 받고 구제를 받을 수 있는 구역이다.

대부분의 골퍼들이 해저드(Hazard)라고 부르는 곳이 바로 페널티 구역이다. 해저드는 2019년 골프 룰이 변경되면서 역사와 함께 사라진 용어이기 때문에 사용해서는 안되는 단어다.

페널티 구역은 코스 상의 수역(페널티 구역으로 표시 여부 관계없이), 수풀과 같이 위원회에서 정하는 것으로, 바다, 호수, 연못, 도랑, 코스의 배수로, 개방 하천 등이 포함된다. 그 밖에 페널티 구역으로 규정한 코스의 모든 부분이다. 페널티 구역에는 두 가지 다른 유형의 구역이 있다. 사용되는 색깔에 따라 구역을 표시하는 노란 페널티 구역과 빨간 페널티 구역으로 나뉜다.

페널티 구역의 색깔을 표시하지 않은 경우, 그 페널티 구역은 빨간 페널티 구역으로 간주된다. 페널티 구역의 경계를 나타내기 위하여 사용 된 말뚝은 장해물이다. 퍼팅 그린은 플레이어가 그 홀의 마지막 구역으로 홀(구멍)에 넣을 수 있도록 특별하게 조성 된 구역이다.

'퍼터'라는 클럽으로 볼을 굴려 홀에 넣을 수도 있고, 그린 바깥에서 어프로치 클럽으로 띄우거나 굴려서 홀에 넣을 수 있다. 그린에서는 홀 기준 볼의 바로 뒤쪽에 동전이나 마커로 표식을 해두고 볼을 집어 닦고 플레이를 할 수 있는 곳이다.
그린에서 잔디를 골프채로 파거나 골프화를 질질 끌어 상하게 하는 행위는 골프 매너가 아니므로 주의해야 한다.

3. 홀의 구분

코스를 구성하는 18홀은 티잉구역부터 그린까지의 거리에 따라 파3홀, 파4홀, 파5홀 세가지로 구분되어 있다. 간혹 골프장에 파6홀, 파7홀이 있는 곳도 있긴 하지만 기본적인 홀은 세가지로 구분된다.

18홀 중 파3홀 4개, 파4홀 10개, 파5홀 4개로 구성되어 있는 것이 일반적이며 18홀 파의 합계는 72이다.

> **기준 타수:**
> 파3홀 X 4개 = 12타
> 파4홀 X 10개 = 40타
> 파5홀 X 4개 = 20타
> * 전부 더하면 총 72타가 된다.

예를 들어, 기사 일부 중에 '지난주 미국 조지아주 오거스타에서 진행된 올해 첫 메이저 대회 마스터스 토너먼트가 끝나고 바로 열리는 RBC헤리티지(Heritage) 대회가 이번주 미국 사우스캐롤라이나주 하버 타운 골프 링크스(Harbour Town Golf Links, 파71, 7231야드)에서 열리고 있다.' 골프 대회를 소개할 때 골프장 옆에 기준 타수 파72, 또는 파71이라고 명시하는데, 이 때 사용하는 용어로, 하버 타운 골프 링크스는 파71 골프장이다.

여기서 말하는 '파(Par)'라는 용어는 해당 홀을 완주하기 위해 권장되는 스트로크 수를 의미한다.

파6홀이나 파7홀을 추가해서 구성이 다르게 72타로 만들어 지는 골프장이 있고, 위 예처럼 기준 타수가 달라질 수도 있다. 그래서 골프장을 설명할 때 기준 타수를 꼭 넣어서 설명한다.

홀의 종류에 따른 거리에 대해 알아보자.

홀의 종류	남자	여자
par 3홀	250YD, 225M 이내	210YD, 190M 이내
par 4홀	251YD~470YD, 225M~430M	211YD~400, 190M~360M
par 5홀	474YD이상, 430M이상	401YD~575YD, 360~520M

※ 미터(M)에서 야드(YD)로 변경 할 때는 미터 거리에 10%를 더하면 야드 거리가 된다.

파3홀을 거리가 짧다는 의미에서 숏 홀(Short hole), 파4홀을 미들 홀(Middle hole), 파5홀을 롱 홀(Long hole)이라고 말한다.

일반적인 남자 평균 드라이버 비거리는 180m~200m라고 보면 된다. 그 이상

나가는 경우도 있지만 아마추어 평균은 200m 안쪽이다.

파3홀은 티잉구역에서 한번의 샷으로 올라가야 하고, 파4홀은 두번의 샷, 파5홀은 세번의 샷으로 그린에 올리는 것이 일반적이다. 이를 규정 내에 올린다는 의미에서 그린 적중율 또는 GIR(Green in Regulation)이라고 말하며, 골프 통계에서 중요한 용어로 국내외를 막론하고 매 대회마다 참가한 선수들의 GIR기록을 순위별로 기록해서 보여주고 있다.

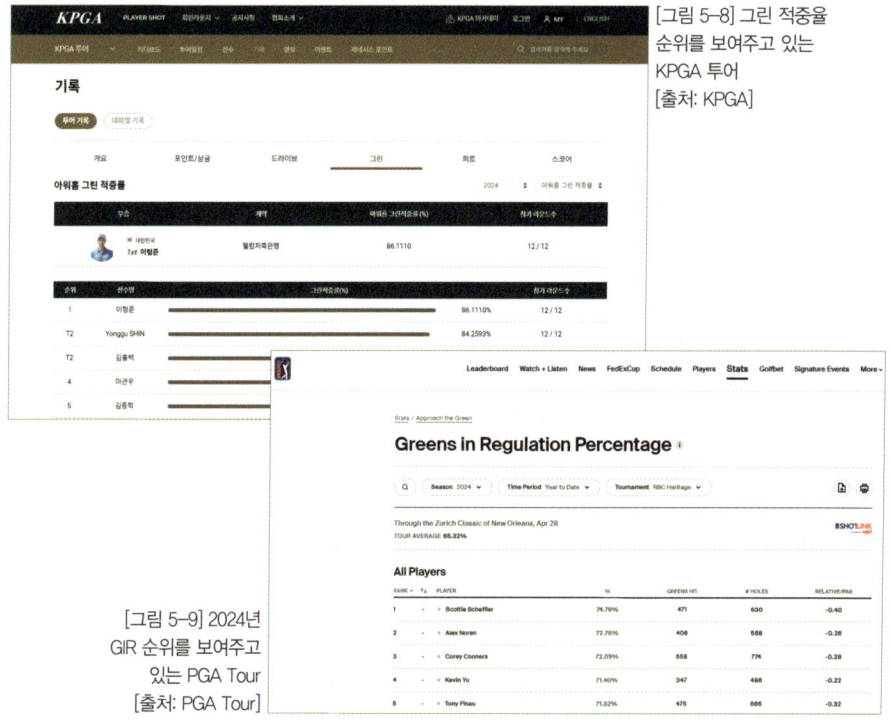

[그림 5-8] 그린 적중율 순위를 보여주고 있는 KPGA 투어
[출처: KPGA]

[그림 5-9] 2024년 GIR 순위를 보여주고 있는 PGA Tour
[출처: PGA Tour]

화이트 티에서 성인 남자가 드라이버 클럽으로 스트로크를 할 때, 일반 남자 평균 거리가 200m이기 때문에 파3홀 거리가 200미터보다 긴 경우는 흔치 않다. 왜냐하면, 파3홀은 샷 한번에 그린에 올려야 하기 때문이다.

파4홀은 짧은 미들 홀, 중간 미들, 긴 미들 홀 인지에 따라 계획적인 샷 메이킹을 하는데 중요하고 캐디도 어떻게 서브할 지 머릿속으로 그림을 그릴 수 있어야 한다.

파4홀은 두 번의 샷으로 그린에 올리는 것이 기본이다.

아마추어의 비거리가 평균 200m라고 했을 때 이 거리에 두배 인 400m 안쪽의 거리가 아마추어들이 두번의 샷으로 최대 올릴 수 있는 거리가 된다. 360m~400m는 긴 파4홀에 속하는 홀로써 아마추어들이 두번의 샷으로 그린에 올리기 쉽지 않기 때문에 핸디캡 1번[7] 홀이 될 수 있다. 파5홀은 세번의 샷으로 그린에 올리는 것이 기본이다.

비거리[8] 가 많이 나는 프로들이나 또는 거리가 길지 않은 파5홀 일 때는 아마추어들도 2번의 샷으로 그린에 올릴 수도 있다.

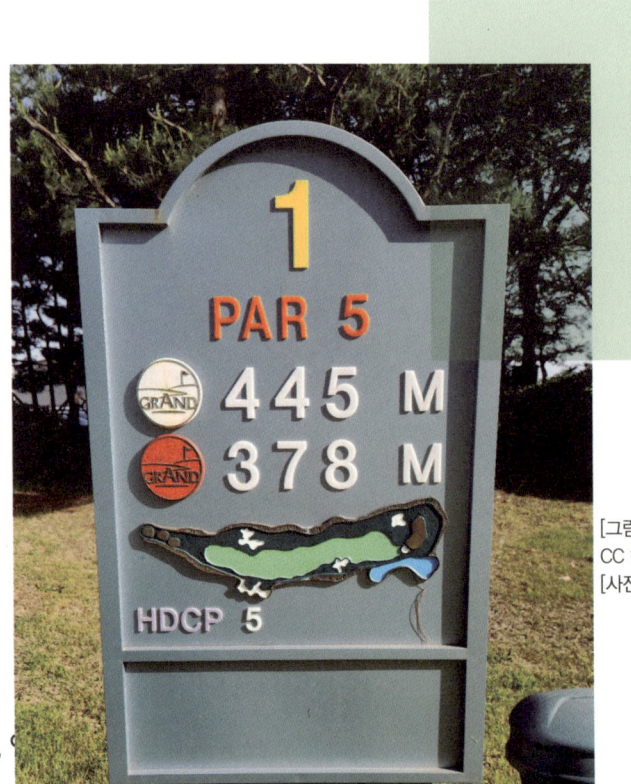

[그림 5-10] 인천 그랜드 CC 1번 PAR5
[사진: 이동규 기자]

골프 클럽

Part 3

제 6 장 클럽의 종류
제 7 장 볼의 종류와 골프 브랜드
제 8 장 그립과 스텐스
제 9 장 스윙과 볼의 구질

이제부터 본격적으로 골프 클럽에 대해서 알아보고자 한다. 앞에서 이야기한 골프 클럽 3가지 중에 한 가지 골프 채에 관한 이야기다. 캐디에게 골프 클럽이 중요한 이유는 플레이어마다 서로 다른 종류의 골프 클럽을 가지고 플레이하며, 매번 다른 클럽을 사용해서 샷을 한다.

그런데, 왜? 플레이어들이 각기 다른 브랜드를 사용하고, 볼 위치에 따라 다른 종류의 클럽을 사용하는 걸까?
골프를 처음 대하는 교육생들은 이해할 수 없고, 클럽을 암기하는 것조차 힘들다.
골프를 거리의 과학이라고 말할 수 있다. 볼이 위치한 지점에서 홀까지 거리에 따라 사용하는 클럽들이 달라지는데, 캐디는 먼저 볼과 홀까지 거리에 익숙해져야 한다. 이 거리를 알고 있어야 플레이어에게 거리에 대한 정보를 주고, 이에 따라 사용할 수 있는 클럽에 대한 어드바이스를 해야 하기 때문이다.

그런데 문제는 한국 캐디가 담당해야 할 인원은 플레이어 4명이라는 점이다. 이 4명은 서로 다른 클럽을 가지고 라운드를 하게 되는데, 각 플레이어가 14개씩 총 56개 클럽이 있는데, 56개 클럽이 어떤 플레이어가 가지고 왔는지, 그 플레이어가 원하는 클럽이 무엇인지를 파악하고 클럽 서브를 해야 한다. 그래서 캐디 되기가 어려운 것이다. 골프도 모르는데, 처음 보는 브랜드, 처음 마주친 클럽, 여기에 처음 본 골프 볼까지 더해지면, 대략 난감해 진다.

캐디교육생으로서는 플레이어가 원하는 클럽을 찾아서 갖다 주기도 벅차겠지만, 4명의 플레이어의 클럽을 식별하고 전달할 수 있는 능력을 갖춰야 한다. 이러한 이유 때문에 3부를 플레이어 클럽을 구별하는 방법을 배우기 위해서 마련했으며, 나아가 플레이어의 스탠스, 스윙, 볼의 구질에 따라 볼이 어디로 갈 지 예측할 수 있는 방법도 배워야 한다.
캐디가 플레이어의 클럽을 구분할 수 있어야 하고, 볼이 어디에 떨어졌는지를 파악할 수 있어야 한다.

제 6 장
클럽의 종류

　클럽은 크게 우드와 아이언, 퍼터로 나눈다.

　멀리 보내는 목적으로 사용하는 우드, 정교함과 정확함을 추구하는 아이언, 우드(Wood)는 골프가 처음 만들어질 때 나무를 이용해서 만들었기 때문에 과거부터 내려온 우드라는 단어를 계속해서 사용하고 있다. 물론 우드를 만드는 재질은 나무가 아닌 메탈이나 티타늄을 사용한다. 아이언(Iron)도 우드와 마찬가지로 초기에 철, 쇠로 만들었기 때문에 아이언이라고 부르며, 현재는 클럽의 샤프트를 스틸과 그라파이트(Graphite) 같은 최첨단 소재로 만들고 있다. 위에서 잠깐 언급한 것처럼 클럽을 사용할 때는 자신의 볼과 홀까지 남은 거리를 계산한 후 어떤 클럽을 사용할 지 결정하기 때문에 이제부터는 클럽이 가지고 있는 고유한 거리에 대한 이야기를 해 보자.

1. 클럽의 종류 및 클럽별 비거리

　다시 한번 또 이야기하자면, 캐디에게 클럽 종류와 클럽별 비거리가 매우 중요하다. 클럽 종류와 클럽별 비거리를 알아야 플레이어에게 제대로 된 클럽 서브를 할 수 있다. 특히 우리나라처럼 캐디 한명이 플레이어 4명을 동시에 서브하고 어드바이스하기 위해서는 플레이어의 클럽을 구분하지 못하고, 플레이어별 비거리를 모른다면, 당연한 말이지만, 코스에서 플레이어가 원하는 적절한 대응을 할 수 없게 된다.

이에, 보다 자세하게 클럽 종류와 비거리에 대해서 알아보자.

골프 클럽은 하나로 구성된 것이 아니라 여러가지 종류의 클럽이 모여서 하나의 세트로 이루어져 골프 클럽(Golf Club)이라 한다.

골프 클럽은 상황에 따라 사용 용도가 다른데,

- ✓ 그린까지 남은 거리,
- ✓ 먼 거리와 짧은 거리,
- ✓ 볼이 놓여진 상태,
- ✓ 벙커에서 사용하기 효과적인 것,

플레이어가 상황에 맞게 원하는 클럽을 사용할 수 있도록 여러 종류로 나뉘어져 있다. 골프 클럽을 크게 세가지로 분류하는데, 거리를 내기 위한 우드(Wood)와 정확하게 보내기 위한 아이언(Iron), 그린에서 사용하는 퍼터(Putter)로 구분하며, 라운드 중에는 총 14개 이하의 클럽을 사용할 수 있다.

우드는 처음 골프 클럽을 만들 때 히코리(Hickory) 나무[1]로 클럽 헤드를 만들면서 우드라는 이름을 사용하였고, 그 전통이 지금까지 내려와서 우드라고 부르지만, 실제로는 메탈 소재로 만든다. 아이언은 헤드 부분이 메탈로 되어 있는 클럽이다. 퍼터는 그린에서 공을 굴리기 위해 사용하는 클럽이다.

캐디가 라운드 중에 플레이어를 도와 플레이어에게 맞는 클럽을 전달하는 것을 클럽 서브(Club Serve)라고 한다. 클럽 서브를 하기 위해서는 클럽별 비거리를 파악하고 있어야 서브하기 편하다.

일반적으로 라운드 중에 플레이어들은 카트에서 내려 클럽을 가지고 가지 않고, 자신의 볼이 놓여 있거나, 있을 것으로 짐작되는 곳으로 간다.

이렇게 자신의 볼이 있는 곳으로 가는 경우는 자신의 볼이 어디 있는 지 몰라서 찾으러 가거나, 캐디가 거리를 불러 주었지만 이를 믿지 못하고 본인이 거리측정기로 찍어 보고 싶을 경우, 클럽이 무겁다고 가져가기 싫을 경우 등이 있다.

캐디가 빠른 경기 진행을 유도하려면 플레이어가 거리에 따라 클럽을 달라고 말하기 전에 2~3개의 클럽을 가지고 코스로 들어가서 서브할 준비가 되어 있어야 한다.

신입캐디와 경력캐디 차이는 이런 경우에 대한 대처가 다르다.

일반 아마추어 클럽별 평균 비거리에 대해서 알아보자.

클럽 풀세트

| 드라이버 | 페어웨이 우드 | 유틸리티 | 아이언 | 퍼터 |

[그림 6-1] 골프 클럽의 종류, [사진: 이재하 작가]

1) 우드

구분	명칭	비거리(남)	비거리(여)
1	드라이버(Driver)	180~220	130~170
2	브래쉬(Brassie)	180~190	130~140
3	스푼(Spoon)	170~180	120~130
4	버피(Baffy)	160~170	110~120
5	클리크(Cleek)	150~160	100~110
7	헤븐(Heaven)	140~150	90~100
9	디바인 나인(Divine Nine)	130~140	80~90

※ 거리는 미터 기준이다.

우드는 다양하고 재미있는 애칭을 가지고 있다.

보통 티샷할 때 사용하는 우드 1번을 드라이버라고 한다. 드라이버는 우드 중에서 가장 헤드 사이즈가 크고, 샤프트 길이도 가장 길기 때문에 가장 멀리 나간다. 그래서 빅 스틱(Big Stick) 또는 빅 도그(Big Dog)라는 별명을 가지고 있다.

전통적으로 2번부터 5번까지를 페어웨이에서 사용했기 때문에 페어웨이 우드(Fairway Woods)라고 부른다. 2번 우드는 황동 놋쇠를 뜻하는 브래스(Brass)를 헤드 앞 부분에 부착해서 사용했기 때문에 브래쉬라고 부르며, 3번 우드는 숟가락 모양으로 생겼다고 해서 스푼이라고 한다. 4번 우드는 버피, 5번 우드를 클리크라고 부른다.

2) 아이언과 웨지 클럽 별 비거리

구분	거리 안나는 남성	거리 나는 남성	여자
1번	180~200	220M 이상	
4번	160	180	120m이상의 거리는 우드나 유틸 사용
5번	150	170	120
6번	140	160	110
7번	130	150	100
8번	120	140	90
9번	110	130	80
P	100	120~110	70
A	90	100~90	60
S	80~	80~	50~
P(43도~48도)	P= W, 10번	L(60도 이상)	
A(50도~54도)	A= G, F, U, P/S, 11번		
S(55도~58도)			

클럽은 숫자가 높을 수록 로프트가 더 크고 샤프트의 길이는 짧아진다. 숫자가 낮을수록 거리를 더 낼 수 있다.

> 유틸리티 클럽은 우드보다 헤드가 작고 샤프트의 길이가 좀 더 짧은 클럽이다. 이 클럽은 롱 아이언(1, 2, 3, 4, 5번 아이언)을 대신해 보다 쉽게 칠 수 있는 클럽으로 사용한다.

캐디는 3번 홀까지 플레이어 4명의 비거리를 파악해야 한다.

1번 홀에서 플레이어에게 볼이 있는 위치에서 홀까지 거리를 불러 주고 플레이어가 선택한 클럽 서브할 때 몇 번 클럽을 줬는지, 그 결과가 어떻게 되었는지를 기억해서 초반 3홀 동안 플레이어의 비거리를 파악해야 한다. 경력 캐디는 클럽 서브를 하기 위해 초반에 클럽별 비거리를 파악하여 전반 4번 홀부터 플레이어가 필요로 하는 클럽을 선서브 해야, 경기를 매끄럽게 진행할 수 있다.

처음에는 선서브라는 것이 외워서 하는 것이라 무척 어렵고 힘들다.

골프를 쳐보지 않은 캐디는 골퍼가 왜 그 클럽을 원하는 지 알 수 없기 때문에 이해하기 어렵다. 가령, 150m에서 7번 아이언을 사용 한 남자 플레이어라도 같은 150m에서 6번이나 5번아이언을 사용 할 수도 있기 때문이다.

그러면, 클럽을 선택하는 기준은 무엇일까?

클럽을 선정하는 판단 기준은 거리, 바람 강도 및 방향, 볼이 놓여져 있는 라이, 그린까지의 높이 등 여러가지를 고려해야 한다. 골프를 쳐보지 않았던 사람은 경험이 없어서 이런 상황을 캐치하기 어렵다.

캐디는 라운드를 할 수 있는 좋은 환경에 있다. 골프를 치면서 플레이어의 마인드와 캐디의 서브 마인드가 합쳐 진다면, 캐디는 어드바이저로써 거듭날 것이다.

클럽의 부분별 명칭에 대해 알아보자.

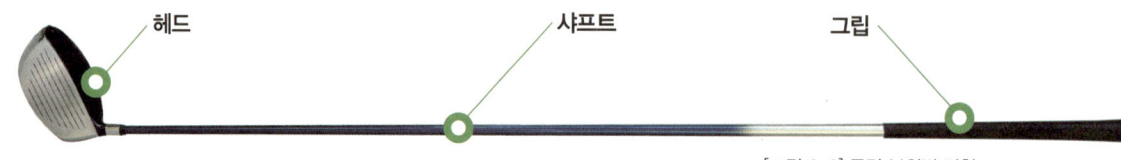

[그림 6-2] 클럽 부위별 명칭

그립(Grip) 클럽의 손잡이 부분으로 보통 고무나 실리콘 소재로 되어 있다. 현재는 그립 두께도 다르고 종류도 다양하게 늘어나고 있다.

샤프트(Shaft) 손잡이인 그립의 바로 밑 부분부터 헤드를 이어주는 소켓 바로 윗 부분까지다. 소재는 스틸, 바론, 카본, 그라파이트로 되어 있다. 경도 소재, 무게 길이 등에 따라 분류되며 경도는 L, A, R, S, X 순서의 5단계로 나누어진다. R이 표준적인 경도로 일반 남성용이고 L이 가장 부드러워 여성용이다. 힘이 없는 사람이 단단한 샤프트를 사용하면 경도를 충분히 활용하지 못하고, 힘이 센 사람이 유연한 샤프트를 사용하면 너무 휘어져서 정확하게 볼을 칠 수 없다.

헤드(Head) 직접적으로 볼을 때리는 부분을 말하며, 볼과 닿는 부분을 페이스(Face)라고 한다. 헤드의 중앙 부분을 스윗 스팟(Sweet Spot)이라고 하는데 이 부분을 맞아야 보내려는 거리에 맞게 공중으로 볼을 날릴 수 있다.

클럽페이스 또는 페이스(Clubface) 클럽 헤드의 앞부분에 있는 평평한 부분을 말하며, 볼을 스트로크하는 부분이다. 스트로크 할 때 가장 완벽하게 맞는 부분, 클럽페이스 정 가운데를 '스윗 스팟(Sweet Spot)'이라고 부른다.

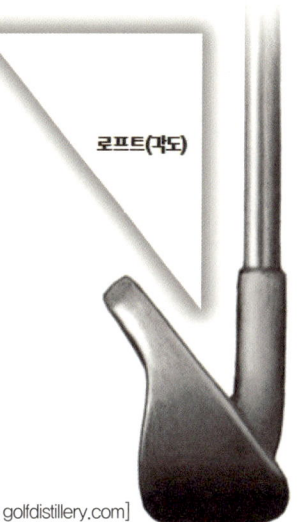

로프트(Loft) 클럽페이스는 구부러진 각(Angle)을 형성하고 있는데, 이것을 로프트라고 한다. 로프트는 클럽에 따라 다른 기울기를 가지고 있는데, 퍼터는 클럽페이스가 완벽하게 평평하며, 웨지는 볼을 높이 띄워야 하기 때문에 로프트 각이 크다.

[그림 6-3] 로프트. [자료: golfdistillery.com]

호젤(Hosel) 또는 페럴(Ferrule) 샤프트와 헤드의 목 부분을 연결 시켜 주는 조인트 역할을 하며 임팩트 때 충격을 흡수하는 역할도 함께 한다. 현재는 소켓을 멋스럽게 본인의 느낌따라 디자인적인 요소로 많이 쓰이기도 한다.

넥(Neck) 헤드의 소켓과 이어주는 목부분이다. 넥 부분으로 스윙하다가 볼을 잘못 치게 되면 헤드가 부러져 날라갈 수 있다.

솔(Sole) 클럽 헤드에서 지면에 닿는 부분으로 솔이 넓을 수록 치기가 쉽다.

토우(Toe) 클럽 헤드의 끝부분을 칭하거나 스탠스에서 선수의 발끝을 말한다.

힐(Heel) 클럽 헤드의 샤프트 쪽 부분이거나, 플레이어의 발꿈치 부분을 말한다.

그루브(Groove) 볼에 스핀을 줄 수 있도록 바닥과 평행하게 페이스에 파놓은 홈. U자형 그루브와 V자형 그루브가 있다.

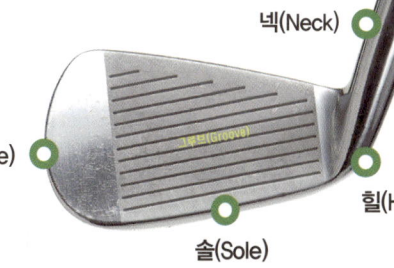

제 7 장

볼의 종류와 골프 브랜드

라운드 도중 플레이어는 서로 다른 볼을 사용해서 플레이를 하며, 같은 브랜드 볼일지라도, 볼에 새겨진 다른 번호의 볼을 사용해서 플레이한다.

이렇게 각각 서로 다른 볼들을 캐디가 구별할 수 있어야 하며, 페어웨이에 놓여진 볼이 어떤 플레이어의 볼 인지도 알려줘야 한다. 그래서 이번 장에서는 골프 볼의 특징에 대한 것과 골프 볼 브랜드에 대해서 다루고자 한다.

골프 볼은 크게 거리나 스핀(Spin)에 특화 된 볼로 구분할 수 있으며, 소재와 구조에 따라 볼마다 서로 다른 특성을 가지고 있다. 골프 볼은 커버와 코어(Core)의 구조로 되어 있고, 골프 볼의 층 구조에 따라 2피스, 3피스, 4피스, 5피스로 구분된다. 코어에 커버까지 이루고 있는 겹이 몇 개 이냐에 따라 피스(Piece)가 결정된다.

30년 전에 골프 볼은 무조건 2피스 볼이었고, 솔리드 코어에 썰린(Surlyn)[2] 계통의 딱딱한 커버가 씌어져 있었다. 타이틀리스트에서 3피스 볼이 나왔을 때 코어에 고무를 감고 커버도 발라타(Balata Cover)라는 부드러운 천연 고무 소재를 사용하여 타구감을 부드럽게 만들었다. 하지만 볼 표면 손상이 쉽게 일어나고 아마추어에게는 가격도 비싸고 너무 소프트하여 다루기 힘들었다.

이 문제점을 보완하기 위해 표면재료들이 우레탄 등으로 바뀌면서 단단해 졌다.

코어는 볼의 엔진과 같은 역할을 하는데, 고탄성 고무로 되어 있어서 거리를 내는 기본 기술이라고 할 수 있다. 커버는 부드러운 우레탄으로 되어 있고, 샷의 스핀 양을 높이는 목적으로 숏 아이언이나 웨지 샷을 할 때 성능을 발휘한다.

1. 화학과 물리학의 합작품, 골프 볼

[그림 7-1] 골프 볼의 구조

1피스 볼은 코어와 커버의 구분 없이 한가지로 되어 있는 볼이다.

소재는 주로 썰린이나 합성고무로 사용된다. 비거리는 나지 않으나 내구성이 좋고 가격이 저렴해 주로 일반 골프 연습장에서 많이 사용하고 있다.

2피스 볼은 고무코어와 주로 썰린 커버로 만들어 지는 볼이다.

압축 강도가 낮아 비행거리가 길고 지상에 떨어져 많이 구르기 때문에 비거리가 많이 나온다. 하지만 스핀 양이 적어 컨트롤이 어렵기 때문에 그린에 세우기 힘들다. 사이드 스핀도 적어 슬라이스나 훅 구질을 줄이는데 효과가 있고 경제적이기 때문에 아마추어에게 인기가 많다.

> **3피스 볼_** 코어, 내부 층, 커버로 이루어져 있다. 임팩트 시 부드러운 느낌이 있어 숏 퍼팅에 좋고 스핀 양이 많아, 프로 골퍼나 골프를 잘 치는 아마추어도 즐겨 사용한다. 볼이 휘는 플레이어가 사용하면 좋으나, 수명이 짧고 가격이 비싸다.
>
> **4피스 볼_** 2피스, 3피스 장점을 모아 드라이버 샷에는 스핀 양이 적고 숏 아이언에는 많은 스핀 양을 발생시킨다. 드라이버는 멀리 치고 숏 아이언은 그린에서 튀지 않게 만들려는 목적으로 만든 볼이다.
>
> **5피스 볼_** 코어와 3개의 멘틀, 그리고 커버로 이루어져 4피스의 장점을 강화 했다. 최근에는 압축 코어를 사용해 드라이버 거리를 늘려준다.

2. 공기역학(Aerodynamics)과 항공공학(Aeronautical Engineering)이 만난, 딤플(Dimple)

딤플은 보조개라는 뜻으로, 볼 표면에 움푹 팬 원형이나 육각형 무늬를 말하며, 비행기의 날개와 같은 역할을 하여 공기 저항을 줄이면서 볼이 떠오르는 효과를 최대로 만들어 비거리를 증가시킨다.

처음에는 골프 볼에 딤플이 없었지만 표면이 손상 된 볼이 더 멀리 날라가는 것을 보고 1905년 영국의 윌리엄 테일러(William Taylor)가 딤플이 파인 골프 볼을 만들어내기 시작하면서 대중적으로 사용하게 되었다. 표면을 손상시킨 볼이 공기 저항을 적게 받아 더 많은 거리를 보낸 다는 것을 알고 의도적으로 딤플을 만들게 되었다.

[그림 7-2] 1913년 7월 31일자 스팔딩(Spalding)이란 브랜드로 판매한 윌리엄 테일러의 디자인과 광고.
[사진: 1910년 찰스 야코버스(Charles Jacobus) '크로켓과 룰'에 나온 것으로 rte.ie]

골프는 볼을 치는 순간부터 결과까지 모든 과정에서 골프 볼이 중요한 역할을 한다. 초보자에게는 가성비 좋은 2피스 골프 볼이 일반적으로 권장되며, 스윙과 타수의 안정화가 이루어진 후에 3피스로의 전환을 고려할 수 있다.

특정 브랜드의 골프 볼을 선택하여 익숙해지는 것도 중요하다.

여러 브랜드의 골프 볼이 있지만, 볼마다 특징과 장점을 가지고 있다. 예를 들어, 피엑스지(PXG)나 마제스티(Majesty)와 같은 고가 브랜드는 고급스러운 느낌을 원하는 골퍼들이 사용한다.

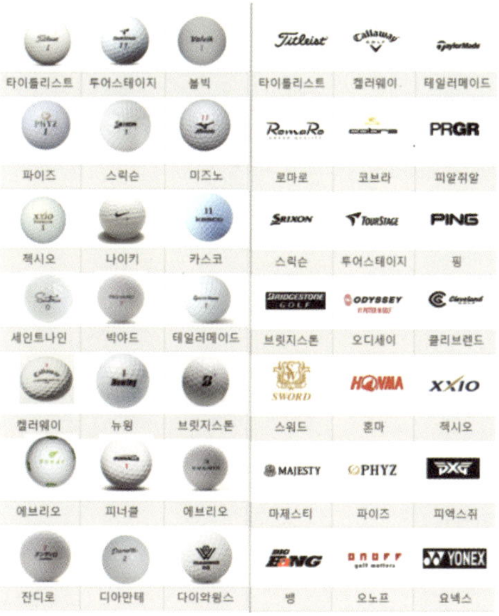

여성 골퍼들을 위한 젝시오(XXIO) 같은 브랜드도 있다. 이러한

[그림 7-3] 다양한 골프 볼과 골프 브랜드 [출처: 4CU DB]

브랜드들은 골프 공급 시장에서 다양성과 선택의 폭을 넓혀주고 있다.

골프 볼은 퍼터와 마찬가지로 브랜드마다 모델이 다양하다. 하나의 시리즈에 2~3개 모델이 라인업 되며, 가장 큰 인기를 누리고 있는 브랜드는 타이틀리스트(Titlelist)이다. 투어 사용률 1위라는 상징성 때문에 골프 볼 시장에서 꾸준히 좋은 평가를 받는다. Pro V1 시리즈가 유난히 많이 팔린다.

골프 볼 선호도를 보면, 압도적 1위의 타이틀리스트를 제외하면 캘러웨이가 12%대 선호도를 보이고 있으며, 젝시오, 볼빅, 브리지스톤이 그 뒤를 따르고 있다.

 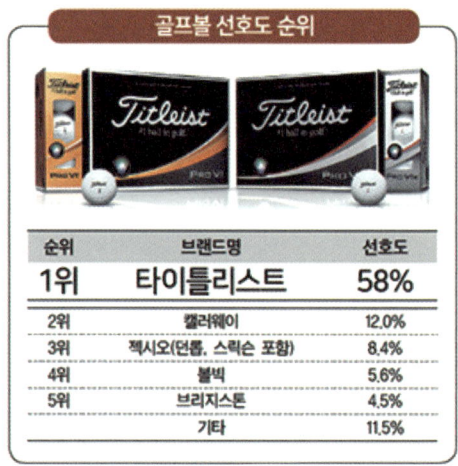

[그림 7-4] 2018년 레저신문 골프용품 선호도 조사, [출처: 레저신문]

제 8 장

그립과 스탠스

골프는 방향성과 비거리, 2개의 요소가 효과적으로 결합되어야 비로소 좋은 스코어를 기록할 수 있다. 방향성과 비거리를 좋게 만들기 위해서는 그립이 매우 중요한 역할을 담당한다. 그립은 신체와 클럽을 연결해주는 유일한 접점이고 스윙에 의해서 생기는 힘을 클럽에 전달하는 역할을 가지고 있다.

올바른 그립을 잡는 것이 올바른 스윙을 하게 하는 기본이다.

그립 종류에 대하여 알아 보자.

첫번째, 오버래핑 그립(Overlapping Grip)은 왼손 집게 손가락 위에 오른쪽 새끼 손가락을 얹어서 잡는 방법으로 해리 바든(Harry Vardon)[3]이 고안하지는 않았지만 유행시키면서 그의 이름을 따 '바든 그립' 이라고도 한다.

해리 바든의 새로운 그립과 스윙은 탄도를 높게 띄워 더 많은 캐리[4] 거리를 확보하는 동시에, 백 스핀을 만들어서 그린 위에 세우는 샷을 구현했다.

바든의 새로운 그립은 바든이 1896년, 1898년, 1899년 디 오픈(The Open)을 세번 우승하면서부터 그의 스윙을 따라 하는 선수들이 나오면서 바든 그립이라고 불려지면서 유행하기 시작했다.

[그림 8-1] 해리 바든

[출처: wikipedia]

현재도 프로 선수의 70퍼센트 이상이 사용하는 바든 그립은 아마추어 골퍼들에게도 가장 보편적인 그립이다.

해리 바든의 영향은 지금까지도 오버래핑 그립으로 남아 있다. 미국의 PGA TOUR와 European Tour에서는 바든의 업적을 기리기 위해 바든 트로피를 만들었고, 매년 최저 타수를 기록한 선수에게 시상하고 있다.

오버래핑 그립의 장점은 방향성과 콘트롤이 용이하다는 것이고, 단점으로는 힘이 약한 골퍼들에게는 힘든 그립 이라는 점이다.

두번째, 인터로킹 그립(Interlocking Grip)은 왼손 검지와 오른손 검지를 엇갈리게 걸어서 잡는 그립이다.

힘이 약한 골퍼나 손이 작은 골퍼, 즉, 여자나 주니어 골퍼들에게 추천하는 그립 방법이다. 두 손이 가장 안정적으로 일체감 있게 적은 힘으로 클럽을 통제하나 컨트롤이 용이하지 않다. 다른 그립과는 다르게 꼬아서 잡기 때문에 손가락이 아플 수 있다.

세번째, 내츄럴 그립(Natural Grip)이다. 두 손을 야구 배트를 잡는 것과 같은 요령으로 잡고 치는 방법으로 베이스볼 그립이라고도 한다.

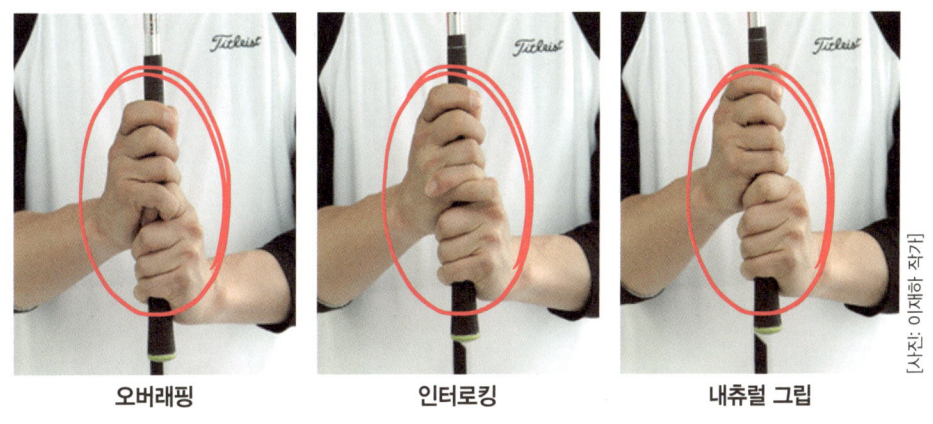

오버래핑　　　　　인터로킹　　　　　내츄럴 그립

[사진: 이재하 작가]

[그림 8-2] 그립 잡는 방법으로 좌측부터 순서대로 오버래핑 그립, 인터로킹 그립, 내츄럴 그립

힘 있는 스윙이 가능하여 비거리를 많이 낼 수 있으나, 자세가 흐트러질 위험이 있어서 스윙에 일관성과 유연성이 떨어지는 심각한 단점을 가지고 있다. 장타 골퍼들을 제외하고 비 추천 그립이다.

스윙에는 그립도 중요하지만 볼을 칠 때 발을 놓아주는 스탠스도 중요하다.

스탠스(Stance)란 어드레스[5] 상태에서의 발 너비와 모양을 말한다. 골프에서 스탠스는 골프 스윙의 시작 단계부터 마칠 때(Finish)까지 몸의 균형과 파워를 내는 데 절대적 요소라 할 수 있다.

스탠스는 원하는 스윙에 따라 두 발의 간격을 조절해야 하는 중요한 요소이다. 기본적으로 취하는 두 발의 간격은 자신의 어깨너비만큼 벌려주는 것이 좋다.
기본 스탠스에서 볼을 멀리 보내기 위해 스윙을 하는 경우에는 두 발의 간격을 조금 더 넓히는 것이 좋다. 비거리를 내기 위해 스윙의 폭이 넓어지므로, 큰 스윙을 안정적으로 받쳐주기 위해서는 두 발의 간격을 넓혀야 한다.

반대로 정확성을 높이는 목적으로 스윙을 하는 경우에는 기본 스탠스에서 두 발의 간격을 조금 좁히는 것이 좋다. 발의 너비는 몸의 안정성과 몸의 회전력에 영향을 미치는 중요한 요소다. 좁은 스탠스는 몸의 회전력을 좋게 하지만, 상대적으로 몸의 안정성이 약해져 파워 스윙을 어렵게 한다. 이와 달리 넓은 스탠스를 취하게 되면 몸의 안정성은 좋아지지만 회전력이 떨어져 스윙 스피드가 느려지고 피니시가 어려워진다.

일반적으로 클럽이 짧고 스윙 궤도가 작을수록 양 발의 간격을 좁게 해도 문제가 없다. 하지만 클럽이 길거나 스윙 아크가 크면 상대적으로 양 발의 간격을 넓게 해야 한다. 몸의 안정성, 즉 아크의 중심축이 적게 흔들려 거리가 나면서도 볼의 정확성을 높일 수 있다.

양발의 너비는 그 사람의 체격이나 스윙 특성에 따라 달라질 수 있다. 골프에서 올바른 그립을 잡고 있어도 스탠스가 나쁘면 볼이 예상치 못한 곳으로 날아가게 된다. 만족스러운 골프를 위해, 올바른 그립과 스탠스를 유지하면 자연스럽게 올바른 어드레스를 취할 수 있게 된다.

골프 스탠스는 크게 세 가지로 나뉜다. 스퀘어 스탠스(Square Stance), 오픈 스탠스(Open Stance), 클로즈 스탠스(Close Stance). 이 중에서도 스퀘어 스탠스가 가장 기본이 된다.

스퀘어 스탠스는 양 발끝을 잇는 선이 목표선과 평행을 이루는 셋업자세이다.
스트레이트 구질이 나오는 가장 기본적인 스탠스로 입문자와 비기너는 우선적으로 마스터 해야 하는 스탠스이다. 보통은 양 발 모두 11자로 두라고 하지만 개인의 유연성이나 기타 특성상 왼발 끝 또는 오른발 끝을 살짝 틀어 비스듬하게 하는 경우도 있다.

오픈 스탠스는 열린 자세라고도 하며, 왼발이 오른발보다 뒤로 빠져 있는 자세이다.
왼발을 비구선상보다 뒤로 끌어 당겨 서는 스탠스로써 비거리는 떨어지나 목표물에 대한 방향성은 증가된다. 스윙 동작 시 다운스윙에서 왼쪽 사이드가 쉽게 열리며 클럽이 아웃-인으로 볼을 치기 때문에 슬라이스(Slice) 또는 페이드(Fade) 구질이 나오기 쉽다. 왼쪽에서 오른쪽으로 컨트롤해야 할 때 사용한다.

클로즈 스탠스는 오른발을 비구선상보다 뒤로 끌어당겨 서고, 몸은 목표물에 등을 돌리고 선다.
볼을 칠 때 쳐 올리기가 쉽고 비 거리를 내는 데 유리하다. 닫힌 자세라고 하며 오른발이 왼발보다 뒤로 빼는 자세이다. 스윙 동작 시 클럽이 인-아웃으로 볼을 치기 때문에 훅 또는 드로우 구질이 나오기 쉽다.

상황별 스윙에 따라 스탠스는 다양하게 바뀐다.

스윙의 방법과 목적에 따라서 스탠스를 일치시켜주지 못한다면 전혀 다른 스윙으로 바뀔 수 있다.

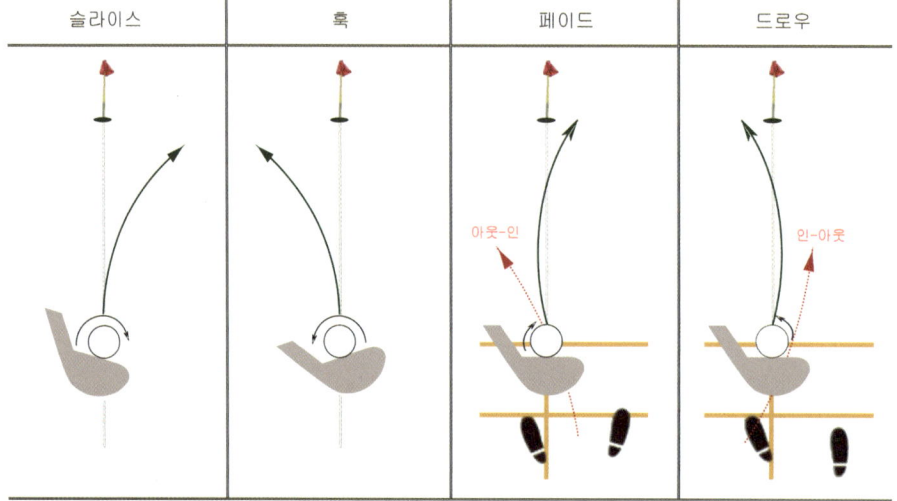

[그림 8-3] 스탠스에 따른 볼의 구질 [출처: 포씨유신문 DB]

제 9 장

스윙과
　　　볼의 구질

골프 스윙은 골프 스포츠에서 플레이어가 공을 치는 동작이다. 골프 스윙은 몸 전체가 관련된 복잡한 동작이고 골프 스트로크 역학으로 알려져 있다.

스윙 단계에 대해서 알아보자.

스윙 순서는 셋업 앤 어드레스(Setup & Address), 테이크 어웨이(Takeaway), 백스윙(Backswing), 다운스윙(Downswing), 임팩트(Impact), 릴리스(Release), 팔로 스루(Follow Through), 피니쉬(Finish) 순으로 이루어 진다.

[그림 9-1] 스윙의 단계
[사진: 이재하 작가]

셋업 앤 어드레스(Setup & Address) 셋업 앤 어드레스는 스윙 준비자세로써 클럽을 볼 뒤 지면에 놓고 준비 자세를 취한다. 발을 자신의 어깨너비 정도를 유지하도록 스탠스를 취하고 이 때 지나치게 좁거나 넓어지지 않게 주의 한다. 그립은 견고하지만 유연하게 잡아야 하고, 오버래핑 그립, 인터로킹 그립, 베이스볼 그립 등이 있다. 어깨, 엉덩이, 무릎, 발은 타겟을 향해 평행하게 정렬되고, 자연스러운 자세를 유지해야 한다.

테이크 어웨이(Takeaway) 어드레스를 취하고 스윙을 하기 위해 클럽을 끌어주는 시작 동작이다. 천천히 자연스럽게 시작해야 스윙의 리듬을 깨뜨리지 않고 스윙을 시작할 수 있다. 클럽 헤드는 목표선을 따라 직선으로 이동해야 하고 몸 안쪽이나 바깥쪽으로 치우치지 않도록 주의 해야 한다.

백스윙(Backswing) 왼쪽 팔이 볼 후면에서부터 오른쪽 어깨까지 올리는 자세이다. 이 때, 왼쪽 어깨는 턱 밑으로 들어가며, 체중은 오른발로 이동한다. 오른 팔은 자연스럽게 꺽이고, 클럽의 헤드는 지면과 평행하거나 약간 기울어진 상태를 유지해야 한다.

다운스윙(Downswing, Down Blow) 머리 위에 멈춰진 클럽을 다시 볼의 후방 면까지 끌어 내리는 자세이다. 오른쪽 발 뒤꿈치는 땅에 붙어 있어야 하고 체중은 왼쪽으로 옮긴다. 허리와 엉덩이의 회전이 중요하며, 손목이 풀리지 않도록 유지하면서 클럽 헤드가 빠르게 공에 접근한다.

임팩트(Impact) 골프 스윙에서 가장 중요한 순간 중 하나가 임팩트이다. 임팩트는 클럽 헤드가 공에 닿는 순간으로, 짧은 순간 스윙에 모든 요소들이 모여 샷의 결과를 결정짓는다. 정확한 임팩트를 통해 공의 방향, 거리, 스핀을 제어할 수 있다.

팔로 스루(Follow Through) 임팩트 다음 동작으로 볼을 밀고 나가 오른쪽 팔이 왼쪽 어깨 높이고 올라갈 때까지의 동작이다. 오른쪽 발 뒤꿈치를 띠기 시작하며 체중을 왼쪽에 둔다.

피니쉬(Finish) 왼쪽 어깨 위에서 등뒤로 클럽을 넘겨주는 자세이다. 2,3초 가량 멈춰져 있는 자세가 중요하다. 스윙이 끝난 후에 자세를 통해 전체 스윙의 완성도를 평가할 수 있다. 골프 스윙의 단계는 이렇게 7단계로 구성되어 단계를 체계적으로 연습하고 익히는 과정이 필요하다. 골프에서 볼의 구질은 샷의 방향과 비거리를 결정짓는 중요한 요소로, 플레이의 질을 크게 좌우한다.

구질의 정의와 각 구질의 특징, 그리고 발생 원인에 대해 알아보자.

구질이란, 골프 볼이 클럽에 맞아 날아가는 방향과 형태를 의미한다. 아마추어 골퍼들 사이에서 가장 흔히 볼 수 있는 구질은 '슬라이스'이다. 슬라이스는 볼이 타격 방향에서 오른쪽으로 날아가는 형태이다.

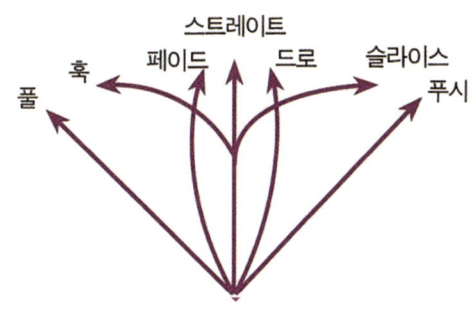

	스트레이트 궤도	In-out 궤도	Out-in 궤도
스퀘어 페이스	스트레이트 ↑	푸시 ↗	풀 ↖
오픈 페이스	슬라이스	푸시 슬라이스	페이드
클로즈 페이스	훅	드로	풀훅

그림 9-2] 스윙의 볼의 구질 [출처: 4CU DB]

구질은 기본적으로 5가지로 나눌 수 있다.

> **첫번째**, 훅은 볼이 왼쪽으로 큰 곡선을 그리며 날아가는 구질로, 임팩트 순간 클럽 페이스가 닫혀 있을 때 발생한다.
>
> **두번째**, 드로우는 볼이 우측으로 출발해서 완만한 곡선을 그리며 좌측으로 휘어져 목표 지점으로 향하는 구질이다. 백 스핀이 적고, 런(RUN)이 많아 드라이버에 이상적이다.
>
> **세번째**, 스트레이트는 볼이 똑바로 나가는 구질로, 좌우의 큰 커브 없이 일직선으로 날아가는 샷이다.
>
> **네번째**, 페이드는 볼이 좌측으로 출발하여 완만한 곡선을 그리며 오른쪽으로 휘어져 목표 지점으로 향하는 구질이다. 아이언 샷에서 이상적인 구질로, 스핀양이 많아 볼을 쉽게 멈출 수 있다.
>
> **다섯번 째**, 슬라이스는 볼이 완만하게 우측으로 휘어지는 구질로, 많은 아마추어 골퍼들이 고민하는 구질이다. 임팩트 시 클럽 페이스가 열려 있을 때 발생한다.

구질이 발생하는 주된 이유는 임팩트 시 페이스 각도와 스윙 궤도이다.

페이스 각도에 의해서 열려 있으면 오른쪽으로 날아가는 슬라이스 구질이 발생한다. 임팩트 시 클럽 페이스가 스퀘어 상태이면 스트레이트 구질이 나올 확률이 높다. 클럽 페이스가 닫혀 있으면 볼이 우측으로 휘어지는 훅 구질이 발생한다.

스윙 궤도가 바깥쪽에서 안쪽으로 스윙하는 궤도로 아웃-인 궤도일 때는 페이스가 닫히면서 훅 구질이 발생한다. 스윙 궤도가 이상적으로 스퀘어로 인 투 인 궤도를 유지하면 스트레이트나 드로우 구질이 발생한다.

스윙 궤도가 안쪽에서 바깥쪽으로 스윙하는 인-아웃 궤도이면 페이스가 열리면서 슬라이스나 페이드 구질이 발생한다. 골프에서 구질을 이해하고 교정하는 것은 플레이 향상에 매우 중요하다. 구질은 임팩트 시 페이스 각도와 스윙 궤도에 따라 결정 되므로, 이를 올바르게 연습하는 것이 필요하다.

 골프는 방향성과 비거리, 2개의 요소가 효과적으로 결합되어야 비로소 좋은 스코어를 기록할 수 있다.

골프 용어

Part 4

제 10 장	스코어
제 11 장	라운드 전
제 12 장	티잉구역
제 13 장	일반구역
제 14 장	페널티 구역과 벙커
제 15 장	퍼팅 그린
제 16 장	라운드 후

골프를 배우는 과정 중에 가장 어렵게 느끼는 부분이 바로 골프 용어.

골프 용어는 대부분 영어에서 유래한 단어들이고, 한국어는 조사와 전치사 뿐이라고 말해도 지나친 감이 없다.
예를 들어, 이븐, 파, 언더파, 보기, 이글, 라운드, 클럽, 홀, 홀인원, 퍼트, 티잉, 페널티, 그린, 벙커, 티 오프 등등 영어 일색이며, 영어에 익숙하지 않은 사람일수록 혼동되고 암기하기도 어렵다. 어느 때는 샷이라고 했다가 어떤 때는 스트로크라고도 하고, 해저드라고도 하고 페널티구역이라고도 한다.

원 교재에서는 골프 용어 만을 따로 묶어서 순서와 관계없이 가나다순으로 배치해서 가르쳤더니, 교육생들이 배우기 힘들어 했다. 그래서 이번 개정판에서 골프 용어는 골프장에서 캐디와 플레이어가 진행하는 순서대로 그림을 추가해서 설명하려고 한다.
가장 기본이 되는 골프 스코어에 관한 용어를 시작으로 라운드 나가기 전, 티잉구역, 일반구역, 페널티구역과 벙커, 퍼팅 그린, 라운드 후로 나누어서 용어를 설명했다.

제 10 장

스코어

세계랭킹2위 북아일랜드의 로리 매킬로이가 2024년 시그니처 6번째 이벤트인 퀘일할로 글럽(파71, 7558야드)에서 열린 웰스파고 챔피언쉽(총상금 2천만달러)에서 4라운드를 잰더 쇼플리에 1타 뒤진 11언더파 204타 2위로 출발했지만, 4라운드에서만 이글2개, 버디5개, 보기1개, 더블보기1개를 엮어서 6언더파를 쳐서 최종합계 17언더파 267타로 2위 쇼플레에 5타 앞선 압도적 1위를 기록했다.

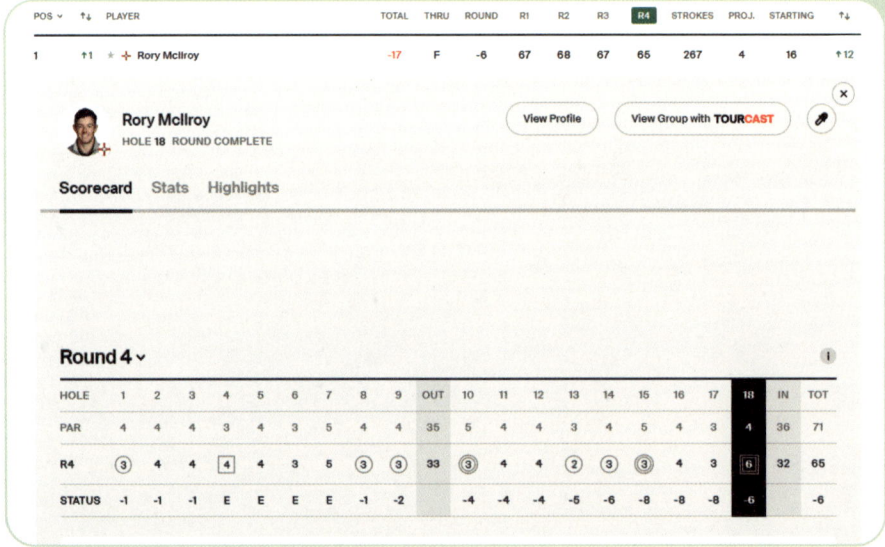

[그림 10-1] 매킬로이의 4라운드 스코어카드, 자료: PGA Tour
- 포씨유신문(www.4cu.com) 2024년 5월 13일자

골프를 모르는 사람이라면, 위 기사를 읽고 "뭔 소리지? 말만 한국어일 뿐~"이란 생각이 들 것이다. 위 기사를 이해하기 위해서는 골프에 관한 지식이 필요하다. 먼저, 라운드(Round)라는 개념부터 알아보자.

라운드는 위원회가 정한 순서대로 플레이하는 18개의 홀 또는 그 이하의 홀을 말한다. 바로 위 그림 하단에 4라운드(Round 4)[1]라고 굵은 글씨로 써 있고, 아래에 홀(HOLE) 수가 1번부터 18번까지 명시되어 있다.

여기서 홀에는 두 가지 의미가 있다.
첫 번째, 위에 말한 것과 같이 특정한 티잉구역에서 시작해서 퍼팅 그린까지 전체를 홀이라고 하며, 티잉구역에서 시작해서 퍼팅 그린에 있는 홀(구멍)에 들어가는 시점까지를 홀 플레이라고 한다.

두 번째, 홀(구멍)은 퍼팅 그린에서 그 홀의 플레이를 끝내는 지점의 의미로 홀의 직경은 반드시 4.25인치(108밀리미터), 깊이는 4인치(101.6밀리미터) 이상이어야 하며, 원통은 반드시 퍼팅 그린 표면으로부터 적어도 1인치(25.4밀리미터) 아래에 묻혀야 한다.

1번홀부터 9번홀까지를 전반 또는 아웃코스, 10번홀부터 18번홀까지를 후반 또는 인코스라고 하며, 인코스와 아웃코스를 반대로 부르기도 한다.
골프장은 한 코스가 9홀로 구성되어 있는데, 보통 파3홀 2개, 파4홀 5개, 파5홀 2개로 (3×2)+(4×5)+(5×2) = 36으로 1라운드가 18홀 즉, 2개 코스를 돌기 때문에 36×2 = 72가 기준타수가 된다.

[그림 10-2] 코스 종합 안내도(아웃코스 9개홀과 인코스 9개홀 총 18개홀)

    물론, 모든 골프장이 기준타수가 72인건 아니다. 웰스파고 챔피언십이 열렸던 퀘일할로 클럽은 아웃코스에 파3홀이 2개, 파4홀이 5개, 파5홀이 1개로 기준타수가 71타로 구성되어 있다(신문기사 그림 참조). 다시 한번 설명하자면, 모든 홀에서 기본이 되는 파를 기록해서 나오는 스코어가 기준타수가 되며, 이 기준타수를 기본으로, 적게 치면 언더파, 많이 치면 오버파가 된다.

    위 신문기사에 '최종합계 17언더파 267타'라는 말이 나온다. PGA 투어 대회가 4일간 4라운드가 벌어지기 때문에 1라운드 기준타수 71타에 4 라운드의 4를 곱하면 총 284타가 기준타수가 되고, 여기에 17언더파를 쳤기 때문에 284-17=267 즉, 17언더파 267타가 최종 스코어가 된다.

위 스코어카드 하단에 홀(HOLE) 바로 아래에 파(PAR)가 나온다. 파는 기본이 되는 타수를 말하는 것으로 증권에서 액면가를 뜻하는 말에서 유래된 용어로, 해당 홀 티잉구역에서 볼을 쳐서 퍼팅 그린에 있는 홀 컵 안에 볼을 넣어야 하는 기본 타수를 파라고 한다.

[그림 10-3] 파3홀, 파4홀, 파5홀, 자료: 포씨유신문 DB

위 그림을 보면, 빨간 선으로 표시한 곳이 크기가 제일 작은 파3홀로 그림처럼 거리가 짧기 때문에 숏 홀(Short Hole)이라고 하며, 노란 선으로 표시한 중간 사이즈 홀이 파4홀, 미들 홀(Middle Hole)이라고 하고, 제일 위 민트 색으로 표시한 제일 긴 홀이 파5홀, 롱 홀(Long Hole)이라고 한다.

파를 기본 또는 규정(Regulation)이라고 말한다.

그린에 올라 온 볼을 2번 쳐서 홀 컵에 들어가는 것이 기본이고, 규정이다. 파3홀, 파4홀, 파5홀이 똑 같이 적용된다. 그래서 파3홀은 티잉구역에서 친 볼이 한번에 그린에 올라와야 하기 때문에 거리가 짧은 숏 홀이 되고, 파4홀은 2번에 그린에 올라와 하니까 미들 홀, 파5홀은 3번에 올리니까 롱 홀이라고 한다. 그림을 보면서 설명을 들으면 이해하기 쉬울 것이다.

위 스코어카드 하단에 홀(HOLE), 그 아래 파(PAR), 다음 아래가 R4(4 라운드) 줄이 스코어에 관한 것이다. 위 신문에 나온 그림을 보면, 홀(HOLE) 옆 숫자, 파(PAR) 옆 숫자, R4 옆 숫자, 마지막 STATUS 옆 마이너스 표시와 숫자가 있다.

이제 [그림 10-1]을 해독해 보면, 1번홀은 파4홀이며, 로리 매킬로이가 4라운드 경기에서 3번 스트로크를 해서 버디(-1)를 기록했다는 의미이다. 버디를 기록하면 원을 그려서 표시하고, 이글은 원2개를, 보기는 네모, 더블보기는 네모2개로 표시했다.

[그림 10-1]의 4번홀을 보자.

4번홀은 파3홀인데 4번 쳤기 때문에 파에서 하나가 오버된 보기가 되고 네모로 표시했다. 1번 홀 버디 이후 2번홀과 3번홀에서 파를 기록했고, 4번홀에서 보기 +1를 더 하니 0이 되었다. 이 때 골프에서는 0이라고 쓰지 않고 이븐 파(Even Par)라는 의미로 E를 쓴다.

마지막으로 한 홀만 더 읽어 보자.

10번홀은 파5홀이며, 3타만에 플레이를 마쳤기 때문에 -2 이글이 되어서 원2개로 표시했다. 10번홀까지 상태를 보면 8번홀과 9번홀 연속 버디(+1)로 2언더파(-2)에서 10번홀 이글(-2)를 추가해서 상태가 4언더파(-4)가 되었고, 4라운드 최종 스코어가 이글2개(10번홀과 15번홀), 버디5개(1번홀, 8번홀, 9번홀, 13번홀, 14번홀), 보기1개(4번홀), 더블보기1개(18번홀)를 엮어서 기준타수 71타에서 6언더파를 뺀 65타가 되었다.

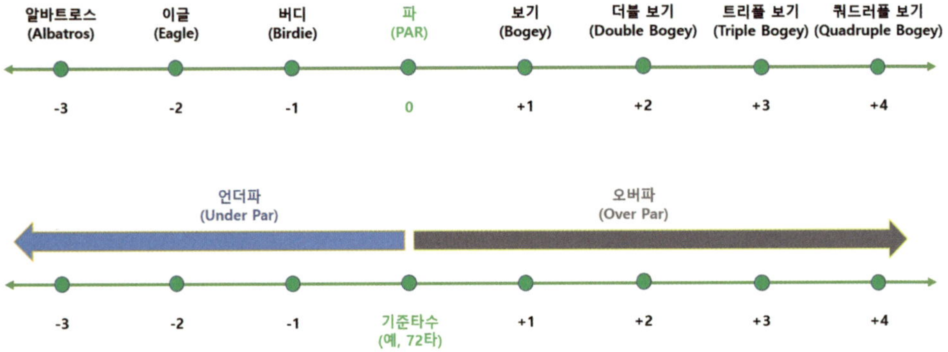

[그림 10-4] 스코어와 기준타수, 언더파, 오버파 자료: 포씨유신문 DB

[그림 10-4]은 스코어 기록하는 방법에 대한 것으로 캐디가 스코어를 등록하는 [그림 10-5]와 같은 태블릿은 이 방법에 따른다. 예를 들어 파3홀 3번, 파4홀 4번, 파5홀 5번을 쳤다면, 기록은 파가 되고 0이라고 기록하며, 파보다 1타수 적게 치면 버디(-1), 2타수 적게 치면 이글(-2), 3타수 적게 치면 알바트로스(-3)이 된다. 파3홀에서 한번 친 샷이 홀 컵에 빨려 들어가면, 이를 한번에 넣었다는 의미로 홀인원(Hole-in-One)이라고 한다.

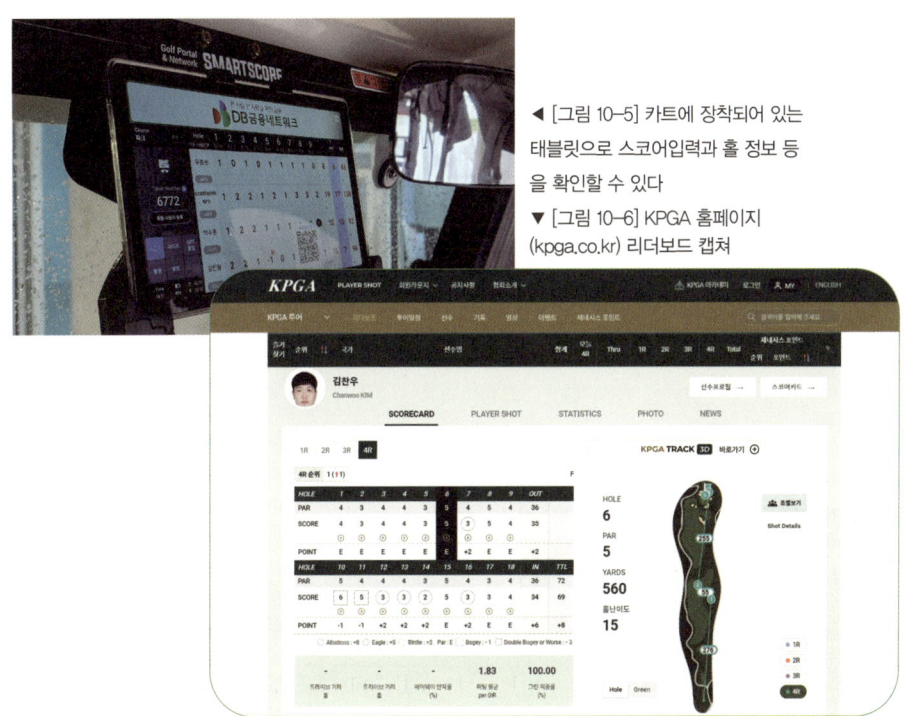

◀ [그림 10-5] 카트에 장착되어 있는 태블릿으로 스코어입력과 홀 정보 등을 확인할 수 있다
▼ [그림 10-6] KPGA 홈페이지 (kpga.co.kr) 리더보드 캡쳐

캐디는 라운드 중에 4명의 플레이어 스코어를 계산하고, 이를 스코어카드에 입력해야 하기 때문에 스코어를 계산하는 방법을 모르면 캐디가 될 수 없다.

스코어에 익숙해지는 가장 좋은 방법은 국내외 상관없이 대회 홈페이지에 접속해서 리더보드를 확인하면, 아래 그림처럼 스코어카드와 홀 별로 샷 내용을 구체적으로 확인할 수 있어서 공부하는데 많은 도움이 된다.

제 11 장

라운드 전

"안녕하십니까! 오늘 플레이를 도와드릴 캐디 김대중입니다. 오늘 플레이할 코스는 인코스, 아웃코스입니다. 운행 중에는 위험하니 안전손잡이를 꼭 잡아 주시기 바랍니다. 즐거운 라운드 되시기 바랍니다."

라운드를 시작하기 전 광장에서 캐디가 인사 멘트를 하는 내용이다. 이를 광장 멘트라고 하는데, 광장 멘트는 일정하게 정해진 인사말이 있는 골프장도 있고, 상황에 맞게 하는 골프장도 있지만, 위 인사말처럼 캐디는 자신의 소개와 플레이 코스 순서, 안전에 관한 말은 반드시 들어가야 한다.

[그림 11-1] 광장에서 대기 중인 플레이어들과 카트, 자료: 포씨유신문 DB

플레이어가 골프장에 도착하면, 현관에서 캐디 백을 내리고 바로 클럽하우스로 들어가서 프론트에서 티오프(Tee-Off) 시간과 이름을 말하면, 프론트에서 골프 복장으로 갈아입고 보관할 수 있는 락카(Locker) 번호를 준다. 과거에는 우리나라에서도 캐디가 현관에서 대기를 하다가 캐디 백을 내리는 역할을 했었고, 2024년 현재에도 동남아시아에 가면 모든 캐디들이 현관 대기하면서 플레이어의 캐디 백을 내려 주고 있다.

골프장 현관에 내려진 캐디 백이[그림 11-2]와 같은 컨베이어 벨트를 타고 내려오면, 그 아래에서 백 대기 중인 캐디가 이를 받아서 이름 순서대로 정리해서 놓는다. 보통 캐디들은 라운드 시작하기 전에 10분 정도 백 대기를 한다. 백 대기는 플레이어의 캐디 백이 현관에서 카트 고로 컨베이어 벨트를 타고 내려오면 이를 이름 순으로 분류하는 작업을 말한다.

◀ [그림 11-2] 캐디 백이 내려오는 컨베이어 벨트, 자료: 포씨유 DB
▲ [그림 11-3] 카트를 보관하는 카트 고, 자료: 포씨유 DB

일반적으로 캐디 백이 내려오는 컨베이어 벨트는 카트 고(庫)[2]에 위치하고 있으며, 카트 고는 클럽하우스 밑, 광장과 연결되는 곳에 위치하고 있다. [그림 11-3]

좌측이 카트 고 출입구이며, 카트 고 안쪽에 컨베이어 벨트를 통해서 캐디 백이 내려오면, 백 대기하고 있던 캐디들이 캐디 백 분류 작업을 하고, 자신의 티 오프 30분 전에 이곳에서 플레이어 4명의 캐디 백을 상차해서 광장으로 나오게 된다.

[그림 11-4] 클럽하우스와 광장. 사진: 포씨유신문 DB

티 오프 시간 30분 전에 [그림 11-4]처럼 캐디는 플레이어 백을 상차한 후 광장에서 플레이어를 기다리고 있으면서 클럽을 확인하며, 캐디 수첩이나 태블릿에 플레이어가 가지고 온 클럽을 기재하거나, 사진을 찍어서 기록으로 남겨 놓는다. 이렇게 하는 이유는 클럽 분실에 관한 컴플레인(Complain)을 미연에 방지하기 위해서다.

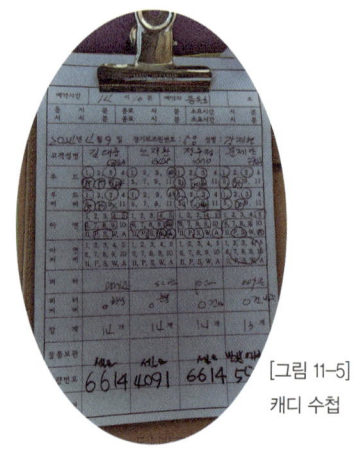

[그림 11-5] 캐디 수첩

[그림 11-5]는 캐디가 작성한 캐디수첩으로 플레이어 4명이 가지고 온 클럽을 종류별, 숫자 별과 총 개수, 퍼터 종류와 퍼터 커버 등을 기록하고, 라운드 후 캐디 백을 하차하기 위해서 차량번호를 기재한 것이다. 11장 첫 머리에 캐디 광장 멘트 중에 "오늘 플레이할 코스는 인코스, 아웃코스입니다."라고 이야기했던 것을 기억할 것이다.

이 말은 인코스 9홀을 돌고, 광장에서 대기를 하다가, 다시 아웃코스로 나간다는 의미로, 먼저 나가는 인코스를 전반 홀이라 하고 나중에 나가는 아웃코스를 후반 홀이라고 한다. 전반 홀과 후반 홀 사이에는 코스 상황에 따라 중간에 대기 시간이 30분을 넘는 경우도 발생하기 때문에 캐디는 경기 진행 상황을 체크하고 플레이어들이 대기하는 시간 동안 광장 옆에 있는 스타트 하우스에서 먹을 수 있도록 음식을 전반 마지막 홀에서 주문하기도 한다.

[그림 11-6] 클럽하우스 1층과 광장 바로 옆에 위치한 스타트 하우스

라운드가 시작되기 전에 플레이어들은 경기 방식 중에 내기 방식을 정하게 되는데, 이때 상대방 핸디캡에 따라 내기 금액 등을 정한다.

이 때 사용되는 핸디캡(Handicap, 핸디라고도 함)은 골퍼의 평균 스코어 수준을 나타내는 것으로 한 라운드 동안 예상되는 스코어를 말한다. 예를 들어 핸디캡이 5라고 하는 골퍼는 기준타수가 파72 코스에서 평균 77타를 친다는 의미다.

핸디캡은 골프 실력이 서로 다른 골퍼들끼리 동일한 조건으로 공평하게 라운드를 즐길 수 있도록 만든 것으로 공인핸디캡 제도가 있지만, 일반적으로 골퍼 양심에 따라 3개 라운드(54홀) 평균 값을 사용하고 있다. 즉, 3개 라운드에서 각각 79타-80타-78타를 쳤다면 평균 79타에 72를 뺀 숫자 핸디캡 7이 된다.

골프 실력을 표현할 때 핸디캡을 치환해서 '싱글 플레이어, 보기 플레이어'라고 부르는데, 싱글 플레이어는 한자리 숫자 즉, 72타에서 핸디캡이 맥시멈 한자리 숫자인 9를 더한 73타에서 81타까지인 골퍼를 말하며, 한국에서만 사용되는 말로 정확하게는 'Single-digit handicap' 한자리 숫자 핸디캡의 준말이다. 일반적으로 80개 이하로 쳐야 싱글 플레이어로 인정받는다.

보기 플레이어(Bogey Player, Bogey Golfer)는 모든 홀에서 보기를 기록하면, 기준타수에서 핸디캡 18을 더하면 90타수가 되기 때문에 90타수 이하를 보기 플레이어라고 한다.

핸디캡과 관련해서 **스크래치 플레이어(Scratch Player)**가 있는데, 핸디캡이 0인 플레이어를 말하며, 다른 말로 파 플레이어(Par Player)라고도 한다.

스코어 산정 방법에 따라 스크래치 경기와 핸디캡 경기로 나누는데, 스크래치 경기는 핸디캡이 적용되지 않는 경기이며, 핸디캡 경기는 그로스 스코어에 핸디캡 스트로크를 적용하여 조정한 스코어다. 즉, 핸디캡 경기는 각기 다른 골프 실력을 가진 플레이어들이 공정하게 경쟁할 수 있도록 하기 위해서다.

이외에도 평균 100타 이상을 기록하는 플레이어를 가리켜 백돌이라고 하며, 골프장에 처음 온 플레이어에게는 '머리 올린다'라는 말을 사용한다. 캐디 사회에서 사용하는 말로 '쌍쌍', '사포', '쪼쪼'라는 말이 있는데, 쌍쌍은 남녀 혼성팀, 사포는 사모님 네명(Four) 즉, 여자 4명이 온 팀, 조인해서 온 팀을 쪼쪼라고 부른다.

골프 볼을 보내고자 하는 방향으로 그 볼을 치기 위해 클럽을 움직이는 동작을 스트로크(Stroke)라고 하며, 이에 파생되어 '스트로크 플레이'와 '스트로크와 거리(Stroke and distance)'라는 중요한 용어가 사용된다.

스트로크 플레이는 매치 플레이(Match Play)와 대조되는 경기 방식으로 각 홀마다 승패를 결정하는 매치 플레이와 달리 가장 적은 타수로 라운드를 끝낸 플레이어나 팀이 경기의 승자가 되는 경기 방식이다. 이 때 파트너들이 팀을 만들어 경기하는 방식이 포섬(Four-Sum)과 포볼(Four-Ball)이다.

'스트로크와 거리'란 플레이어가 직전의 스트로크를 한 곳에서 볼을 플레이함으로써 규칙17(페널티구역), 규칙18(스트로크와거리 구제, 분실된 볼, 아웃오브바운즈, 프로비저널볼), 규칙19(언플레이어블볼)에 따라 구제를 받는 경우의 절차와 페널티를 말하며, 스트로크와 거리에는 두 가지 의미를 가지는데, 플레이어가 1벌타를 받고, 플레이어의 직전의 스트로크를 한 지점으로부터 홀 쪽으로 나아간 거리상의 이점을 모두 잃는다.

어려운 용어들이 등장하는데, 이 부분에 대한 설명은 5부 골프 룰에서 설명하기로 한다.

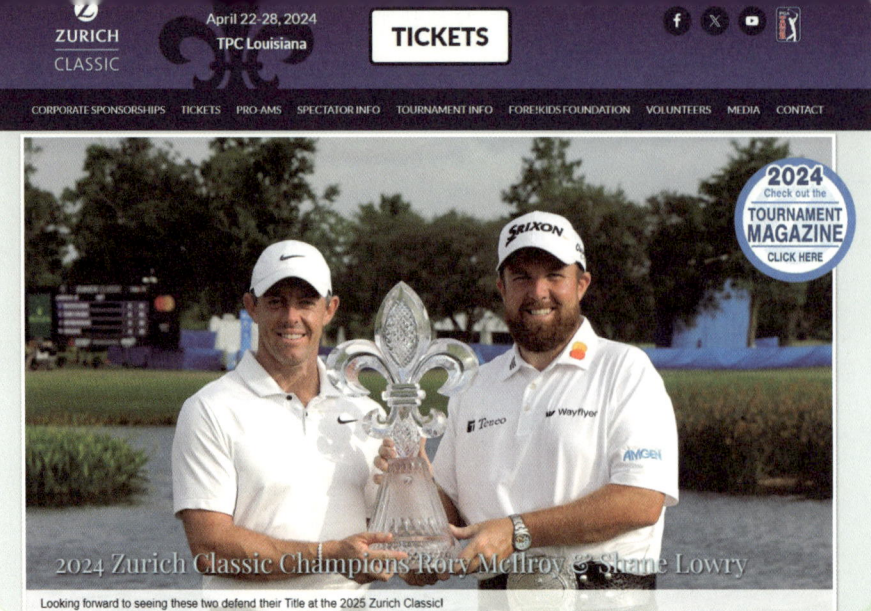

[그림 11-7] 취리히 클래식에서 우승한 로리 매킬로이와 셰인 라우리
[자료: zurichgolfclassic.com]

뉴올리언스 취리히 클래식(the Zurich Classic of New Orleans, 총상금 890만달러)은 색다른 경기방식으로 대회가 치뤄지고 있다. 바로 포볼(Four-Ball)과 포썸(Foursomes) 방식이다. 1라운드와 3라운드는 포볼, 2라운드와 4라운드는 포썸으로 경기를 하게 되는데, 포썸은 2인 1조 플레이어가 번갈아가면서 티샷을 한다. 즉, 한명이 홀수 홀에서 티샷을 했다면, 다른 한명은 짝수 홀에서 티샷을 해야 한다.

중략 -

포썸이 파트너끼리 같은 볼을 공유하면서 경기를 치루는 반면, 포볼은 서로 자신의 볼로 라운드 동안 플레이를 하며, 각 홀에서 파트너 중에서 최고 기록을 한 파트너 스코어만 기록하는 방식이다. 즉, 포볼은 파트너 성적이 중요하고 포썸은 파트너끼리 합이 잘 맞아야 한다.

- 포씨유신문(www.4cu.com) 2024년 4월 27일자

위원회(Committee)는 골프경기를 주관하고 코스를 관장하는 개인 또는 그룹을 말하는데, 대표적으로 조직위원회와 경기위원회가 있다.

레프리(Referee)는 골프 경기 중에 발생하는 문제를 결정하고 규칙을 적용할 권한을 위원회로부터 공식적으로 위임받은 사람을 말하며, 마커(Marker)란 스트로

크플레이에서 플레이어의 스코어카드에 그 플레이어의 스코어를 기록하고 그 스코어카드를 확인하고 서명할 책임이 있는 사람을 말한다. 위원회가 임명한 사람이 마커가 되며, 다른 플레이어는 마커가 될 수 있지만, 플레이어의 파트너는 마커가 될 수 없다. 참고로 티 마커(Tee Marker)와 볼 마커(Ball Marker), 마크(Mark)를 구분할 수 있어야 한다. 티 마커는 티잉구역에서, 볼 마커와 마크는 그린에서 설명할 예정이다.

골프 경기를 보러 온 사람들을 일컬어 갤러리(Gallery)라고 한다.
　플레이어들이 코스 레이아웃(Layout)이라는 말을 사용하는데, 코스 레이아웃은 코스 디자인이나 배치를 말한다.
　각 골프장마다 로컬 룰(Local Rule)을 가지고 있는데, 로컬 룰은 골프장 자체 사정에 따라 만든 예외적인 룰로 로컬 룰은 일반 골프 규칙에 우선하며 플레이어들은 로컬 룰에 따라야 한다. 즉, 골프장이 골프 룰과 별개로 특정지역의 비정상적인 상태에 대해 따로 제정하는 특수 룰이다. 예를 들어, 주간에는 OB였던 곳이 야간에만 로컬 룰에 의해 페널티구역으로 바뀌기도 한다.

　캐디는 플레이어에게 거리 정보를 주어야 하는데, 요즘 플레이어들은 거리측정기라는 장비를 이용해서 거리나 방향을 측정하기 때문에 캐디가 거리를 잘못 부른 경우 즉석에서 확인 가능하기 때문에 캐디는 거리를 정확하게 측정할 수 있어야 한다. 광장 대기 중에 플레이어가 캐디에게 잔디(Grass)에 대해 질문하는 경우가 있는데, 잔디에 따라 스윙 궤도와 공략 방법, 스트로크 방법이 다르기 때문에 질문을 통해서 스트로크 방법을 찾기 위해서 질문한다. 이럴 경우에 캐디는 플레이어에게 전문 지식으로 답변을 해야 한다.

[그림 11-8] 겨울철 골프장 잔디, 자료: 포씨유신문 DB

골프장에서 사용하는 잔디는 크게 한국잔디와 서양잔디로 구분되며, 한국잔디는 난지형으로 25도 전후 온도에서 잘 자라지만, 가을 이후로는 잎이 누렇게 변색이 되고 겨울동안에 시들게 된다. 한국잔디는 힘이 좋아 직립도가 강해서 볼을 받혀주는 힘이 좋고 습도에 강하기 때문에 볼이 잔디 위에 떠 있는 느낌을 보여준다. 중지, 들잔디, 금잔디로 나누어진다.

서양잔디는 난지형과 한지형으로 나누는데, 난지형은 버뮤다그래스(Burmudagrass)가 대표적으로 더위에 강하고 잎이 옆으로 뻗어나가는 특성이 있어서 볼이 들어가면 폭 잠기게 된다. 한지형은 벤트그라스(Bentgrass), 켄터키블루

그라스(Kentucky Bluegrass)가 대표적이며 직립형으로 자라기 때문에 페어웨이에서 샷을 하면 떳장이 넓게 떠지는 특징을 보인다.

벤트그래스는 골프 그린에 많이 사용되는 잔디로 매우 부드럽고 섬세해서 그린 위에서 볼이 잘 굴러간다. 켄터기블루그래스는 건조한 환경에 약한 잔디로 내구성이 강하고 트래픽에 잘 견딜 수 있어서 페어웨이와 티잉구역에서 많이 사용된다.

골프장에는 아마추어 대회, 프로 대회, 다양한 모임이 주최하는 대회, 매월 정기적으로 골프 모임을 하는 월례회와 같이 많은 사람들이 참여하는 대회가 열리는데, 이 때 샷 건(Shot gun) 방식이 사용된다. 샷건은 18개홀에 모든 선수가 배치되어서 정해진 시간에 동시에 티샷을 하는 경기 방식이다.

 골프 볼을 보내고자 하는 방향으로 그 볼을 치기 위해 클럽을 움직이는 동작을 스트로크(Stroke)라고 하며, 이에 파생되어 '스트로크 플레이'와 '스트로크와 거리(Stroke and distance)'라는 중요한 용어가 사용된다

제 12 장

티잉구역(Teeing Area)

라운드가 시작되는 첫 번째 홀에 들어가면, 캐디는 플레이어들에게 스트레칭할 것인지 물어봐야 한다. 라운드를 시작하기 전에 근육을 이완시키면서, 혹시 모를 부상을 미연에 방지하기 위한 목적으로 "고객님의 건강한 라운드를 위해서 스트레칭을 시작하겠습니다. 스트레칭 순서는 머리부터 발끝까지 하겠습니다."라고 말하며, 골프장마다 스트레칭 멘트가 다르고, 클럽을 이용하거나 맨손 운동으로 하기도 한다. 방식은 다르지만, 스트레칭 멘트는 대부분 비슷하다.

캐디가 티잉구역에 들어가면, 플레이어들에게 다음과 같은 홀 멘트를 해야 한다.
"홀 설명하겠습니다. 이번 홀은 510미터 파5홀입니다. 좌측 오비, 우측 페널티구역입니다. 전방에 보이는 IP 깃발 보고 치는 게 좋습니다"

◀ [그림 12-1] 라운드 전 캐디를 따라 스트레칭하고 있는 플레이어들, 자료: 포씨유신문 DB

◀ [그림 12-2] 티잉구역에 있는 캐디와 카트, 자료: 포씨유신문 DB

광장에서 대기 중이던 캐디와 플레이어들이 [그림 11-5] 캐디 수첩, 첫 줄 예약 시간(14시 13분) 10분 전에 1번 홀로 출발한다. 예약 시간을 '티 오프(Tee-off) 타임', 줄여서 '티 타임'이라고 한다.

티(Tee)는 매 홀에서 첫 번째 스트로크(Stroke)[3]할 때 사용하는 것을 티라고 하며, 티를 꽂는 행위를 티잉(Teeing)이라고 하며, 매 홀에서 첫 번째 스트로크를 하기 위해서 티잉을 하는 지역을 티잉구역(Teeing Area), 티 위에 볼을 올려 놓는 것을 티업(Tee up), 라운드 첫 홀에서 첫 번째 골퍼가 티 위에 있는 볼을 치는 것을 티오프(Tee off), 티 위에 있는 볼을 치는 것을 티샷(Tee Shot)이라고 한다.

[그림 12-3] 다양한 티잉구역, 밑에서부터 블루 티마커, 화이트 티마커, 레드 티마커

위 그림은 이해를 돕기 위해 티 마커(Tee Marker) 2개에 노란색으로 가상의 선을 만들어 넣었다. 골프장에는 이런 선 자체가 없다. 티 마커는 티잉구역을 표시하

는 마커로 위 그림처럼 보통 두 개를 꽂아 놓고 그들을 연결하는 가상의 선이 티잉 구역 앞쪽 경계선이 되며, 티 마커 자체는 인공장애물에 속한다.

   티를 꽂고 플레이를 하는 티잉구역은 5개 구역, 뒤로부터 블랙, 블루, 화이트, 골드, 레드 순으로 나누어 지며, 일반 골프장에는 3개 구역, 블루, 화이트, 레드 순으로 티잉구역이 나누어 진다. 위 그림은 뒤에서부터 블루, 화이트, 레드 티잉구역으로 나누어 지며, 거리가 많이 나는 플레이어는 블루 티, 아마츄어 남자는 화이트 티, 여자와 노약자는 레드 티에서 티샷을 한다.

[그림 12-4] 화이트 티에서 티샷을 하고 있는 아마추어 남성 플레이어

골프장에 가면 티 박스(Tee Box)가 없지만, 티 박스라고 부른다.

   티 박스는 위 그림에 있는 티 마커 2개를 연결하는 가상의 선과 그 선을 축으로 뒤로 2클럽 연장해서 사각형 가상의 선을 그리면 그게 바로 티 박스가 된다. 티는 첫 번째 샷을 할 때만 사용하고 세컨 샷이나 써드 샷에서 사용하면 안된다.

   티의 종류는 언제 사용하는 가에 따라 롱 티(Long Tee), 미들 티(Middle Tee),

숏 티(Short Tee)가 있다. 파4홀과 파5홀에서는 주로 롱 티를 사용하며, 파3홀에서는 숏 티를 사용한다.[4]

매 홀에 들어서면, 홀에 대한 정보를 알려주는 홀 표시판이나 홀 표시석이 있다.

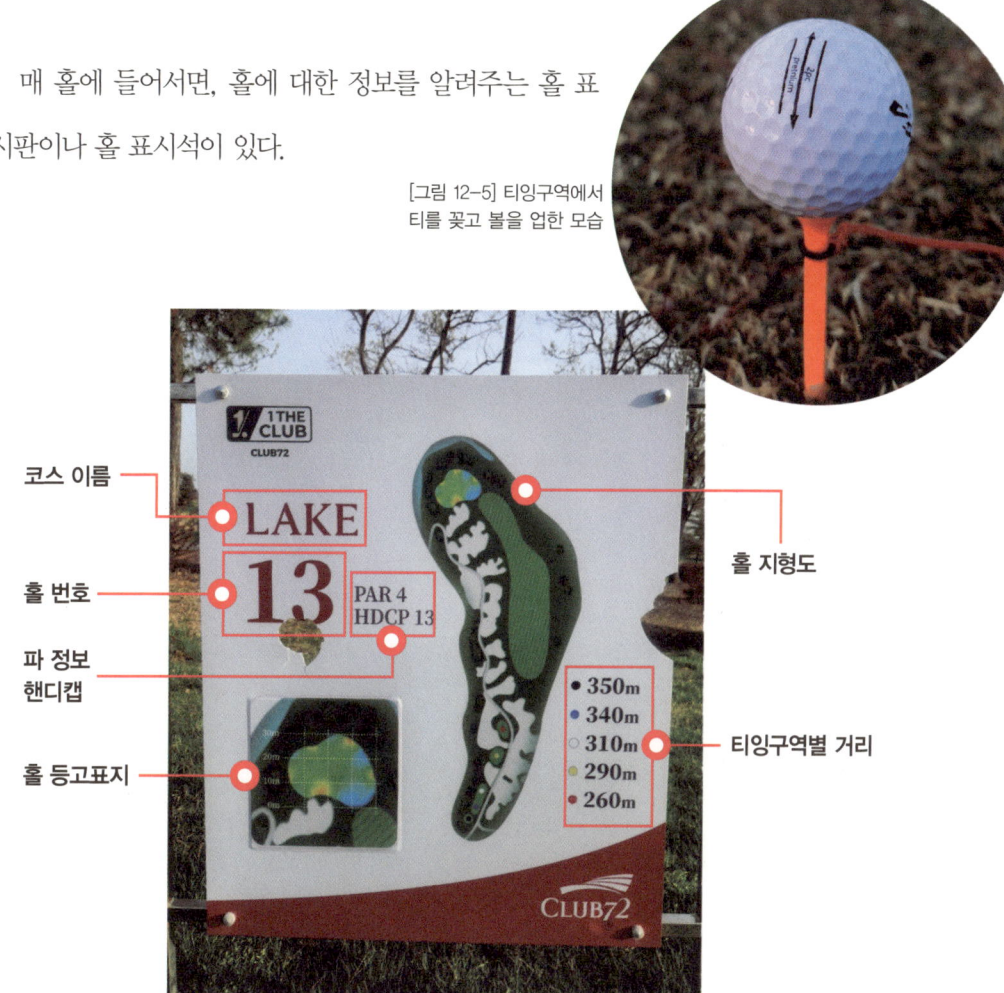

[그림 12-5] 티잉구역에서 티를 꽂고 볼을 업한 모습

[그림 12-6] 클럽72 13번홀 표시판

클럽 72, 13번홀에 가면 위 그림과 같은 홀 설명 표시판이 설치되어 있다. 위 표시판을 보면, 코스 이름이 LAKE이고 13번째 홀로 파4홀이며 핸디캡(HDCP)이 13번으로 난이도가 높지 않은 홀이다. 참고로 핸디캡 1번이 제일 어려운 홀이다. 우

측에 거리가 표시되어 있는데, 5개의 티잉구역 별로 거리가 미터로 표시되어 있다. 제일 먼 거리가 350미터 블랙 티이며, 아마추어 남성이 티샷하는 화이트 티는 홀 컵 중간까지 310미터다.

티잉구역에서 그린 위까지 거리는 우리나라에서는 미터를 사용하고 있지만, 원래는 야드(Yard)를 사용하는 곳이 많았었고, 미국에서는 거리 측정 단위가 전부 야드이다. 그래서 홀 정보를 모아 놓은 노트와 같은 책을 야디지 북(Yardage Book)이라고 하며, 지금 설명하고 있는 홀 표시석(표시판)을 야디지 포스트(Yardage Post), 코스 난이도 평가를 야디지 레이팅(Yardage Rating) 또는 코스 레이팅이라고 하는데, 엄밀히 말하면 약간 다른 개념이지만, 너무 전문적인 내용이라서 가볍게 넘어가겠다. 야디지 레이팅에 따라 홀의 핸디캡이 결정되며, 가장 난이도가 높은 홀이 핸디캡 1번이 된다.

[그림 12-7] 홀 표시판

[그림 12-8] 홀 표시석

홀 표시판까지 지났다면, 이제 누가 먼저 칠 건지 순서를 정해야 한다.

플레이 순서는 전 홀에서 스코어가 가장 좋은 사람이 먼저 치는 게 예의다. 그래서 캐디가 플레이어의 스코어를 기록하고, 먼저 칠 수 있도록 유도해야 한다. 티샷을 먼저하는 플레이어로서는 자존심이자 명예(Honor)로운 일이기 때문에 4명의 플레이어 중에서 먼저 티샷을 하는 사람을 오너[5]라고 부른다. 그런데, 제일 처음 들어선 홀에서는 스코어가 좋은 사람이 없기 때문에 오너를 정해야 한다.

코스가 시작되는 1번홀 티잉구역에 그림처럼 오너 봉이 비치된 골프장도 있고, 만약 오너 봉이 없는 골프장이라면 캐디가 오너 봉을 준비해서 플레이어가 순서를 정할 수 있도록 해 주어야 한다. 오너 봉은 단순히 플레이 순서만 정하는 것이 아니라, 플레이어가 팀을 짜서 경기를 하는 역할도 한다.

전 홀에 오너였던 플레이어가 해당 홀에서 다시 오너가 되는 것을 캐리드 오너(Carried Honor)[6]라고 부른다. 서로 똑 같은 스코어를 기록했을 경우라도 앞 선 홀 순서를 적용해서 캐리드 오너가 되어 티샷을 하는 게 골프 예절이다. 그래서 명예와 예의를 중시하는 플레이어일수록 플레이 순서에 민감하게 반응할 수밖에 없다.

[그림 12-9] 코스 첫 번째 홀에 비치된 오너 봉

홀 설명을 할 때, 간혹 추가적인 설명을 해야 하는 경우가 있다.

티잉구역에서 그린이 안보이는 홀이 있는데, 이런 홀을 부를 때 그린이 안 보인다는 의미에서 블라인드 홀(Blind Hole)이라고 부르거나, 개의 다리처럼 휘어져서 홀이 만들어졌다는 의미에서 도그 렉 홀(Dog Leg Hole)이라고 부른다.

[그림 12-10]은 티잉구역에서 그린이 보이지 않는 블라인드 홀이면서, 그린이 우

측 끝 중간 부분에 위치한 도그렉 홀이기도 하다. 이런 홀에서 캐디가 홀 설명을 할 때는 "우측 도그 렉홀입니다"라는 말과 함께 티잉구역과 페어웨이(Fairway)사이에 페널티 구역(Penalty Area)이 있기 때문에 페널티 구역을 넘길 수 있는 캐리[7] 거리를 불러 주어야 한다. 예를 들어 "페널티 구역을 넘기는 거리가 캐리로 150미터입니다."

▲ [그림 12-10] 파4, 도그렉 홀, 자료: 포씨유신문 DB
◀ [그림 12-11] 파4홀 티잉구역에서 어드레스 하는 모습
　　[자료: 포씨유신문 DB]

티잉구역에서 티샷한 볼이 페어웨이에 떨어질 때 두 가지를 본다. 거리(Distance)와 정확도(Accuracy)다.

드라이브 샷이 나간 비거리를 드라이빙 거리라고 부른다. 2024년 5월 16일 기준 미국 PGA 1위는 미국의 카메론 챔프(Cameron Champ)로 평균 317.2야드, 바로 뒤 2위는 세계랭킹2위 로리 매킬로이로 316.8야드이며, KPGA에서는 장유빈이 평균 309.324야드로 1위, 2위가 송재일이 309.159야드를 기록하고 있다.

드라이브 샷한 볼이 페어웨이에 정확하게 떨어지는 것을 드라이빙 정확도 또는 페어웨이 안착률(Fairway Hit)라고 한다.

[그림 12-12]
드라이브 기록
[자료: KPGA]

한국의 티오프 간격은 대부분 7분이기 때문에 홀 길이가 짧은 파3홀의 경우 [그림 12-13]과 같이 앞 팀이 홀 아웃(Hole Out)하지 않은 상태라면, 다음 팀은 티잉 구역에서 티샷할 수 없고, 앞 팀이 홀 아웃할 때까지 기다리는 티 대기를 하거나, 사인 플레이(Sign Play)를 하는 경우도 있다.

사인 플레이는 홀이 밀릴 경우 경기 흐름을 빨리 하기 위해서 파3홀에서 벌어지는데, 앞 팀이 그린 위에 볼이 올라간 상태에서 그린 플레이를 마무리하지 않고, 그린 밖으로 빠져주면, 뒤 팀이 티샷을 마친 후, 앞 팀이 다시 그린으로 올라가 플레이를 마무리하는 것을 말한다. 이 때 뒤 팀이 친 볼이 그린에 올라왔는지 아니면, 그린 사이드에 있는 지를 수신호로 알려준다고 해서 사인플레이라고 한다.

[그림 12-13] 파3홀 티잉구역에서 홀 대기하고 있는 모습. [자료: 포씨유신문 DB]

플레이어가 티샷을 할 때, 캐디 위치는 [그림 12-14]와 같이 플레이 선(Line of Play)[8] 상에 있으면 안 된다. 캐디가 플레이 선상에 있을 경우 골프 룰 10.2b 위반에 대해서 플레이어가 일반 페널티(General Penalty)를 받게 된다. 일반 페널티는 스트로크 플레이에서는 2벌타를 의미하며, 매치 플레이에서는 홀 패가 된다.

[그림 12-14] 캐디가 허용되는 위치와 허용되지 않는 위치 [자료: randa.org]

캐디 위치는 홀 전체가 잘 보이는 곳으로 플레이 선상을 피해 플레이어의 뒤쪽으로 왼쪽이나 오른쪽에 위치한다. 캐디는 플레이어가 친 볼이 어디쯤에 떨어졌는지를 주시하고 있으면서 티샷이 끝나면, 플레이어의 볼이 향한 곳을 알려 주는 것이 좋다. "페어웨이 중앙으로 잘 갔습니다", "벙커 바로 앞에 떨어졌습니다", "오른쪽 페널티 구역 근방에 떨어졌습니다"와 같은 멘트를 구사하면서, 플레이어가 자신의 볼이 있는 방향으로 갈 수 있도록 유도해야 한다.

티샷한 볼이 페어웨이나 러프쪽으로 잘 갈 경우에는 티잉구역에서 캐디가 해야 할 일은 거의 없다. 그러나, 티샷한 볼이 아웃오브바운드(O.B, Out of Bound)가 된 경우, 페널티 구역으로 들어간 경우, 볼이 사라진 경우에 따라 캐디가 취해야 할 방법이 다르다. 자세한 내용은 5부에서 다루겠다. 골프 룰에 없지만, 일반인들이 라운드를 할 때 위 경우가 발생하면, 플레이어가 캐디에게 멀리건(Mulligan)을 요청하고, 경기 진행 상 문제가 없을 경우에는 캐디가 플레이어에게 벌타(Penalty) 없이 티샷을 다시 할 수 있게 해 준다. 티샷한 볼이 인접한 홀로 넘어갈 경우 캐디가 "뽈~"이라고 크게 외치는데, 이는 '포어(Fore)'를 잘못 사용한 말이다. 즉, 볼이 옆 홀로 넘어가 사고 위험이 있을 때에는 "포어~"라고 해야 한다.

[그림 12-15] 플레이 선 밖에서 플레이어의 샷을 보고 있는 캐디

제 13 장
일반구역(General Area)

    티잉구역에서 티샷한 볼이 갈 수 있는 곳은 ①플레이어가 홀을 시작할 때 반드시 사용해야 하는 티잉구역, ②페널티구역, ③벙커, 플레이어가 플레이 중인 홀의 ④퍼팅구역을 포함한 4개 특정한 코스 구역외에 코스 전역을 말하는 일반구역, 총 5곳이다. 물론, 코스 경계선을 벗어나서 코스에 속하지 않은 구역인 아웃오브바운즈(Out of Bounds, OB라고 함)에 갈 수도 있고, 잃어버릴(로스트볼, Lost Ball) 수도 있다.

    일반구역은 코스의 대부분을 차지하며, 볼이 퍼팅 그린에 도달할 때까지 플레이어가 주로 플레이하는 구역으로 페어웨이(Fairway)와 러프(Rough)로 나누어 진다. 일반구역에 들어서면 캐디가 해야 하는 첫번째 임무는 플레이어의 볼을 정확하게 찾는 것이다.

[그림 13-1] 페어웨이(Fairway)

최초의 골프장은 스코틀랜드 바닷가 근처에 만들어졌다. 그래서 링크스 골프장은 바닷가의 강한 바람과 모래 사구 그리고 억센 풀과 키가 작은 덤불과 같은 나무들, 연못과 같은 형태가 많았고, 이 바닷가에서 골프 코스가 생겨났기 때문에 지금도 골프 코스에는 바닷가에 형성된 모래언덕을 벙커로, 연못을 페널티구역으로, 암초가 없는 안전한 바닷길이란 의미로 페어웨이를 만들었다.

위 그림처럼 페어웨이는 잔디를 아주 잘 다듬어서 정상적으로 샷하기 좋은 지역이며, 넓고 편안하게 샷을 할 수 있는 잘 정돈된 지역 바깥 쪽에 정돈되지 않고 잔디가 무성한 지역을 러프(Rough)라고 한다. 볼이 러프에 있으면, 캐디가 거리를 불러 줄 때 10미터 더 멀리 불러 준다. 왜냐하면, 샷을 할 때 러프에 클럽이 엉기면서 거리가 덜 나오기 때문이다.

파3홀을 제외하고 티샷한 볼이 페어웨이에 잘 떨어지면, 이를 페어웨이 안착(Hit)이라고 말하며, [그림 12-12] 드라이브 기록과 같이 페어웨이 안착률이라고 말하고 이를 퍼센트(%)로 표시한다.

코스 내에서 일반구역이 제일 넓기 때문에 이곳에는 다양한 것들이 존재한다.

티잉구역에서 캐디가 목표 지점, 공략 지점(Aiming Point)에 대해서 설명할 때, "페어웨이 중간 빨간색 IP깃발 보고 치시는 게 좋습니다"라고 이야기한다.

[그림 13-2]
페어웨이 중앙에 있는 IP 깃발

IP(Intersection Point)는 교차점이라는 뜻으로 골프장 설계할 때 사용하는 토목 측량 용어다. IP는 티샷이 떨어질 것으로 예상되는 보통 225미터 지점, 페어웨이 양쪽을 연결한 가상의 선의 중앙 교차점을 설정한 후, 티샷 지점에서 교차점, 다시 교차점에서 그린까지 거리를 합산해서 홀 전장을 만들게 되는데, 이 때문에 교차점을 뜻하는 IP 지점을 목표로 삼고 볼을 치면, IP 지점이 가장 좋은 낙하 지점(Landing Zone, 또는 Landing Area)이 된다. 그러나, 실제로 IP라는 단어는 미국 골프에서는 사용하지 않는 콩글리시라고 한다.[9]

일반구역 중간에 이렇게 IP 깃발이 있을 수 있듯이 일반구역 경계면에는 볼이 가서는 안되는 지역을 표시하는 말뚝을 세우거나, 캐디가 거리 정보를 알기 쉽게 거리 말뚝(거리목이라고도 함)을 50미터, 100미터, 150미터, 200미터에 세워 놓았고, 이외에도 볼이 아웃오브바운드(오비)로 나가거나, 페널티구역으로 들어갔을 경우에, 원래 볼이 있던 자리로 돌아가서 치지 않고 볼을 칠 수 있도록 로컬 룰에 의한 특설 티를 만들어 놓았다. 특설 티는 볼 모양으로 만드는데, OB 특설 티는 하얀색 볼 모양, 페널티 특설 티는 빨간 색 볼 모양으로 따로 만들어 놓는데, 특설 티를 하나로 만들어서 사용하는 골프장도 있다.

(위)[그림 13-3] 거리 말뚝 옆에서 볼을 찾고 있는 캐디, 사진: 포씨유신문 DB
(아래)[그림 13-4] (왼쪽부터)50미터, 100미터 거리 말뚝, 하얀색 OB말뚝, 빨간색 페널티말뚝, 특설티

위 그림을 자세히 보면 코스 경계선을 지나 볼을 찾고 있는 캐디와 캐디 바로 앞에 그린까지 거리를 나타내고 있는 거리 말뚝(위가 파란색이고, 아래부분이 하얀색) 그리고 화면에는 작아서 안보이지만, 거리 말뚝 앞과 뒤쪽으로 하얀색 OB말뚝이 보인다. 페어웨이 중간에는 여성 플레이어 둘이 한 사람은 어드레스 중이고 나머지 한사람은 이를 지켜보고 있다.

또한 코스 상태가 비정상적이어서 보수나 수리해야 할 경우에는 수리지(修理地, Ground Under Repair) 깃발을 꽂아 놓기도 한다.

골프 룰 16조는 비정상적인 코스 상태에 볼이 놓여 있을 경우 페널티 없이 구제하는 룰인데, 여기서 말하는 비정상적인 코스상태에는 동물이 만든 구멍, 수리지, 움직일 수 없는 장해물(Immovable Obstruction), 일시적으로 고인 물(Temporary Water)로 인해서 볼을 치기 힘든 상태를 말한다.

[그림 13-9]
수리지 깃발

이러한 상황에서 벗어나 무벌타 구제할 수 있는 방법은 가장 가까운 완전한 구제지점(Nearest Point of Complete Relief)을 정하고, 그 기준점으로부터 홀에 더 가깝지 않은 한 클럽 길이 이내에 구제구역을 설정한 후 무릎 높이에서 원구 또는 다른 볼로 드롭(Drop)하여 그 볼이 설정한 한 클럽 안에 정지한 후 플레이를 계속해서 진행하면 된다.

움직일 수 없는 장해물이란 불합리한 노력 없이는 움직일 수 없거나 그 장해물이나 코스를 훼손시키지 않고는 움직일 수 없는 장해물을 말하며, 골프장에서 인위적으로 만들어 놓은 포장된 카트도로와 길, 스프링쿨러, 배수구, 관개시설 등이 이에 속한다.

위에서 설명한 말뚝(거리 말뚝, 오비말뚝 페널티말뚝 등)은 움직일 수 있는 장해물일까?

오비말뚝을 제외한 거리말뚝, 페널티말뚝 등은 움직일 수 있는 장해물이기 때문에 말뚝을 뽑고 구제를 받거나 무벌타 드롭할 수 있다. 그러나 오비말뚝을 제거할 경우 2벌타를 받게 된다.

장해가 맞나 장애가 맞나?

이 글을 쓰면서도 혼란이 잠깐 와서, 이를 국어 사전을 찾아 보았다. 장애(障礙)는 신체 기관이 본래의 제 기능을 하지 못하거나 정신 능력에 결함이 있는 상태, 어떤 사물의 진행을 가로 막아 거치적거리게 하거나 충분한 기능을 하지 못하게 함. 또는 그런 일에 사용한다. 사용 예로는 의사소통의 장애, 시작 장애, 통신 장애 등이 있다.

장해(障害)는 하고자 하는 일을 막아서 방해함 또는 그런 것을 뜻한다.

골프 룰 원문에는 Obstruction이란 단어를 사용했는데, 이를 번역하면, 방해, (도로 등의) 차단, 가로막음, (도로 등을 막고 있는) 장애물로 번역된다.

다시 돌아와서 R&A 골프 룰 공식 사이트에 들어가 한국어 번역 서비스를 받으면 Obstruction을 장해물로 번역하고 있다. 즉, 움직일 수 없는 장해물(Immovable Obstruction), 움직일 수 있는 장해물(Movable Obstruction)로 사용하는 것이 맞다.

움직일 수 있는 장해물에는 코스를 훼손시키지 않고 쉽게 이동시킬 수 있는 장해물로 인공적으로 만든 제품이나 제조품 즉, 병, 휴지, 컵, 스코어카드, 캔, 휴지통, 고무래 등은 벌타없이 어디서든지 제거하고 스트로크를 이어갈 수 있다.

움직일 수 있는 장해물과 함께 알아 두어야 할 것이 루스임페디먼트(Loose

Impediment)다. 인공적으로 만들어진 것이 움직일 수 있는 장해물이라고 했다면, 자연에서 생성된 것이 루스임페이먼트다.

[그림 13-10] 움직일 수 있는 장해물, 자료: USGA

루스임페디먼트는 자라거나 생장하지 않고 어딘가에 붙어 있지 않는 모든 자연물을 말하는데, 그 예로는 돌멩이, 붙어있지 않은 풀, 낙엽, 나뭇가지, 나무토막, 돌물의 사체와 배설물, 에어레이션 찌꺼기를 포함한 뭉쳐진 흙덩어리 등을 말한다.

조심할 것은 지면에 단단히 박혀있는 상태로 쉽게 뽑히지 않은 상태의 자연물은 루스임페디먼트가 아니며, 모래와 흩어진 흙, 이슬과 서리와 물은 루스임페디먼트가 아니다. 눈과 천연얼음은 루스임페디먼트다.

홀 플레이에 사용되고 있는 플레이어의 볼이 코스에 놓여 있는 상태를 인플레이(In Play)라고 한다.

티잉구역에서 티샷한 순간부터 인플레이 상태가 되며, 인플레이된 볼이 퍼팅 그린 안 홀컵에 들어갈 때까지 계속 인플레이볼이다. 볼을 코스에서 집어 올린 경우, 분실되거나 아웃오브바운즈에 정지한 경우, 룰에 허용되지 않는데 다른 볼로 교체한 경우에는 더 이상 인플레이볼이 아니다.

인플레이볼이 아닌 볼은 잘못된 볼(Wrong Ball)이며, 플레이어의 인플레이볼은 단 하나만 존재한다. 인플레이볼의 지점을 마크하기 위해서는 볼마커를 놓아두어야 한다. 2019년 골프 룰이 개정되기 전에는 잘못된 볼을 오구(誤球), 잘못된 장소를 오소(誤所)라고 불렀는데, 요즘도 골프 방송을 보다 보면 여전히 해설자들이 사용하는 것을 심심치 않게 볼 수 있다.

잘못된 볼이란, 플레이어의 인플레이볼이나 프로비저널볼이 아닌 볼로, 다른 플레이어의 인플레이볼, 버려져 있는 볼, 아웃오브바운즈로 갔거나 분실되었거나, 집어 올린 후 도로 인플레이하지 않은 플레이어의 볼을 잘못된 볼이라고 하며, 잘못된 볼을 플레이할 경우 일반 페널티를 받는다. 만약, 플레이어가 잘못된 볼로 플레이를 하고, 이를 바로 잡지 않으면 실격이 된다.

지난 2022년 KLPGA 신인 윤이나 선수가 한국여자오픈 1라운드 경기에서 자신의 볼이 아닌 잘못된 볼로 플레이한 것을 알고 있었음에도 경기를 진행했고, 이를 1달 뒤에 자진 신고한 사건으로 대한골프협회에서 3년 출장 정지라는 중징계를 받은 적이 있다.

플레이어가 자신의 볼을 플레이할 것을 요구하거나 허용하는 장소를 제외한 코스 상의 모든 장소를 잘못된 장소(Wrong Place)라고 한다.

[그림 13-11] 잘못된 볼로 플레이한 후 상벌분과위원회 출석후 사과하는 모습

　　라운드 도중 플레이하기 불가능한 지역에 들어갔거나 플레이를 할 수 없는 상태에 놓여 있을 때를 언플레이어블(Unplayable)이라고 한다.

　　플레이어가 언플레이어블을 선언하면 1벌타를 받고 이전 쳤던 곳으로 돌아가서 다시 플레이하거나, 볼이 있던 곳에서 측면으로 2클럽 이내에 드롭한 후 플레이하거나, 볼이 있던 곳과 홀을 직선으로 연결한 선상의 후방에서 드롭한 후 플레이를 진행해야 한다. 이를 위반한 경우 일반페널티를 받는다.

　　플레이어가 일반구역에 있는 자신의 볼을 찾지 못한 경우에도 언플레이어블에 속한다. 국외자(Outside Agency)가 외부 영향(Outside Influence)이라는 용어로 변경되었는데, 이는 플레이어의 볼이나 장비 또는 코스에 영향을 미칠 수 있는 사람과 사물을 말한다.

티잉구역에서 플레이 순서는 스코어가 좋은 플레이어가 먼저 스트로크를 하는데, 일반구역에서 플레이 순서는 그린까지 거리와 상관없이 안전을 확보한 상황에서 먼저 준비된 플레이어부터 스트로크를 할 수 있다. 이를 레디 골프(Ready Golf)라고 하며, 2019년 골프 룰에 새롭게 신설된 용어다.

일반구역을 지나다 보면, 잔디가 패인 자국들이 많이 볼 수 있다. 흔히 샷을 할 때 클럽 헤드로 뒷땅 때린다고 하는데 이를 더프(Duff)라고 하며, 움푹 패이면서 떨어져 나간 잔디조각을 디봇(Divot)이라고 하며, 디봇으로 떨어져 나간 자국을 디보트 마크(Divot Mark), 피치 마크(Pitch Mark), 디보트 홀(Divot Hole)이라고 하며 이 자국 안에 모래를 넣는 행위를 배토라고 한다.

[그림 13-13] 경기가 끝난 후 배토하고 있는 캐디 모습
[그림 13-12] 카트에 실려있는 배토통과 배토삽, 모래

배토는 과연 캐디가 해야할 일이 맞나?

골프 룰 10.3b 캐디가 할 수 있는 행동 중에 캐디는 벙커 정리와 코스 보호를 위한 그 밖의 행동을 언제든지 할 수 있다고 정의되어 있다. 코스 보호를 하기 위한 구체적인 행동은 룰 8.3 예외 조항에 규정되어 있는데, 벙커에 난 발자국을 고르거나 디봇을 가져다 제자리에 메운 행위를 두기 때문에 캐디는 코스 보호를 위해서 배토를 하는 것이 맞다.

그러나, 코스를 보호하기 위해 디봇을 제자리에 놓거나 배토를 하는 행위가 일과가 끝난 후 강제적으로 그리고 무보수로 진행된다면 시간외 근무로 볼 수 있기 때문에 분쟁의 소지가 있다.

일반구역 코스보호를 위해 캐디가 디봇을 제 자리에 갖다 놓고, 배토를 한 후 플레이어가 세컨 샷을 할 수 있도록 볼을 찾아 주고, 거리에 맞는 클럽을 전달해야 한다. 실제 라운드 동안 숙련된 캐디라고 할 지라도, 코스 보호를 하기 위해 노력할 수 있는 시간 자체가 부족하다.

파4홀 일반구역에서는 플레이어가 두 번째 스트로크한 볼이 그린에 올라 갈 수 있도록 거리에 대한 정보와 클럽에 대한 어드바이스를 해야 한다. 특히 홀 컵까지 거리가 100미터 이내에 들어왔을 때 그린에 볼을 올리기 위한 웨지 종류를 이용해서 어프로치(Approach) 샷을 하게 되는데, 어프로치 샷에는 칩 샷(Chip Shot), 피치 샷(Pitch Shot), 로브 샷(Lob Shot)이 있다.

칩 샷은 볼을 굴려서 핀에 붙이는 기술로 볼을 띄운 거리보다 굴러간 거리가 더 길다. 피치 샷은 칩 샷보다 더 높게 띄워서 덜 굴러가게 하는 샷이다. 로브 샷은 피치 샷과 비슷하지만 볼을 높이 띄우기 때문에 거의 수직으로 떨어져서 거의 굴러가지 않는다.

그린에 볼을 접근시킬 목적으로 스트로크하는 어프로치 샷과 그린 위에서 홀 컵에 볼을 넣기 위한 퍼팅을 합쳐서 숏 게임(Short Game)이라고 한다.

볼이 치기 힘든 위치(깊은 러프나 잡목 등에 있을 때)에 있는 볼을 다음 샷을 하기 편한 위치로 빼내는 레이 업(Lay-up)이라고 하며, 레이 아웃과 혼동해서 사용하는데, 레이 아웃(Layout)은 코스의 디자인이나 배치를 말한다.

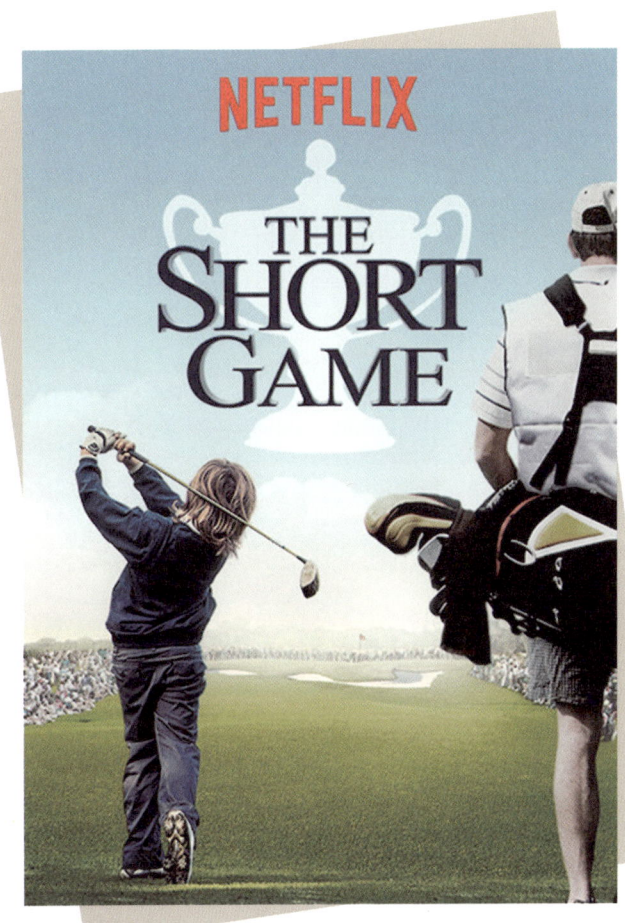

[그림 13-14] 2014년 넷플릭스에서 제작한 영화 '숏 게임' 포스터, 자료: 넷플릭스

제 14 장

페널티구역(Penalty Area) 과 벙커(Bunker)

골프를 인생에 비유하는 사람이 많다.

티샷한 볼이 순조롭게 페어웨이로 갈 수도 있고, 어려움을 겪게 되는 페널티구역이나 벙커로 갈 수 있다. 페널티구역이란 플레이어의 볼이 그 구역에 정지한 경우, 1벌타를 받고 구제받을 수 있는 구역을 말한다.

코스 상에 있는 바다, 호수, 연못, 강, 도랑, 배수로, 개방하천을 포함한 모든 물이 있는 지역과 위원회가 페널티구역으로 규정한 코스의 모든 부분을 부르는 말이다. 우리가 일반적으로 사용하는 워터 해저드(Water Hazard)와 래터럴 워터 해저드(Lateral Water Hazard)가 이에 속하며, 해저드는 2019년 골프 룰에서 공식적으로 사라진 용어다.

페널티구역은 코스의 구역에 규정된 다섯 가지 구역 중에 하나이며, 색깔에 따라 노란 페널티구역과 빨간 페널티구역으로 나눈다. 선이나 말뚝으로 표시한다.

([그림 13-7] 빨간 페널티말뚝 참조). 위원회가 페널티구역의 색깔을 표시하지 않은 경우, 그 페널티구역은 빨간 페널티구역으로 간주된다.

[그림 14-1] 빨간 페널티구역

위 그림은 파3홀로 티잉구역과 그린 사이에 있는 빨간페널티구역으로 이런 홀과 같은 경우 캐디가 플레이어에게 페널티구역을 넘기는 캐리를 같이 불러줘야 한다.

[그림 14-2] 또 다른 페널티구역

벙커란 모래로 특별하게 조성된 구역으로, 주로 풀이나 흙이 제거된 채 움푹 꺼진 지형을 말하며, 코스의 다섯 가지 구역 중에 하나다. 2019년 룰이 개정되기 전에는 해저드에 벙커가 포함되어 있었다. 벙커로 조성된 구역의 경계 안에 잔디가 자라고 있으면 이를 그래스 벙커(Grass Bunker)라고 부르지만, 실제로는 벙커도 아니고, 페널티구역도 아닌 일반구역이다.

> 페어웨이 벙커(Fairway Bunker) 그린에서 가장 멀리 떨어진 곳에 위치한다.
>
> 어프로치 벙커(Approach Bunker) 일반적으로 그린에서 50~100야드(90미터) 부근에 위치해 있다.
>
> 그린 사이드 벙커(Green-side Bunker) 그린 주위에 위치한 벙커로 가드 벙커(Guard Bunker)라고도 부르는데, 정확한 명칭은 그린 사이드 벙커가 맞다.

페어웨이 양쪽에 포진한 벙커를 윙 벙커(Wing Bunker)라고 한다.

[그림 14-3] 페어웨이 벙커

[그림 14-4] 어프로치 벙커

{그림 14-5} 페어웨이 벙커

[그림 14-6] 그린 사이드 벙커

[그림 14-7] 파3홀 티잉구역과 그린 중간에 위치한 벙커

세계적으로 악명 높은 벙커로 유명한 세인트 앤드류스 올드 코스 14번홀의 헬 벙커(Hell Bunker), 벙커에서 스윙하고 있는 남자와 클럽 백을 가지고 이를 지켜보고 있는 캐디, 멀리 도시 건물들이 보인다.

[그림 14-8] 세인트 앤드류스 올드 코스의 헬 벙커, 1924년 J Valentine & Sons
[출처: University of St Andrews Library]

제 15 장

퍼팅 그린(Putting Green)

골프 코스의 마지막 구역인 퍼팅 그린까지 왔다.

퍼팅 그린의 정의는 지면에 따라 볼을 플레이하도록 특별하게 조성된 구역이며, 각 퍼팅 그린에는 깃대와 홀이 있고, 다른 코스의 구역에 적용되는 룰과는 다른 룰이 적용된다.

그린에 올라가는 과정을 통계분석을 통해서 각종 데이터를 생성하고 이를 골프 통계와 경기력에 반영해서 살펴보고 있다. 특히 그린 주위에서 활용하는 통계는 GIR, 샌드세이브율, 스크램블링 등이 있다.

먼저, 그린에 규정(Regulation)내에 볼을 올리는 것을 GIR(Green in Regulation, 그린 적중률)이라고 하는데, 규정 내라고 하면, 파3홀에서는 첫번째 샷에, 파4홀에서는 두번째 샷 이내에, 파5홀에서는 세번째 샷 이내에 그린에 올라가면 GIR를 기록한 것이고, 이를 퍼센티지(%)로 표시한 것이 그린적중률이다.

스크램블링(Scrambling)은 GIR은 못했지만, 스코어가 파 이상 기록할 확률을 말하며 리버커리율이라고도 한다.

샌드 세이브율(Sand Save Percentage)은 볼이 그린사이드 벙커에 빠졌을 때, 샌드 샷이 그린에 올라가 1타 이내로 홀아웃하는 확률을 말한다. 볼이 샌드 세이브한 횟수에서 벙커에 빠진 전체 횟수를 나누어 백분율로 나타내면 샌드 세이브율이 된다. 여기서 샌드 세이브란 파4홀에서 두번째 샷이 그린 사이드 벙커에 빠졌고, 세번째 벙커 샷을 곧바로 홀에 넣거나 홀에 붙여 1 퍼트로 홀아웃할 경우를 말한다.

[그림 15-1] 그린 관련 골프 통계

잔디를 숨을 쉬게 해서 잔디를 잘 자랄 수 있도록 그린에 일정 간격으로 구멍을 뚫어 공기를 순환시키는 작업이 에어레이션(Aeration)이라고 한다. 공기를 통하게 함으로써 모래 속에 쌓인 유기물층을 분해하는 과정을 통해 잔디도 잘 자라고 볼도 잘 굴러가게 만든다.

[그림 15-2] 그린 주위에서 에어레이션 작업중인 차량

[그림 15-3] 중앙에 보이는 빨간색 깃대가 있는 곳이 그린이고 이 그린을 띠처럼 감싸고 있는 짙은 초록색을 프린지(Fringe), 에지(Edge), 에이프런(Apron)이라고 한다. 그린이 들어간 용어에는 마스터 우승자만 입을 수 있는 그린 자켓(Green Jacket), 골프장 사용료를 뜻하는 그린 피(Green Fee), 코스나 그린을 정비하고 관리하는 그린 키퍼(Green Keeper), 그린 빠르기를 나타내는 그린 스피드(Green Speed) 등이 있다.

[그림 15-3] 그린과 엣지

그린이 높은 곳에 위치해 있어서 페어웨이에서 볼 수 없는 그린을 포대그린, 영어로는 엘리베이티드 그린(Elevated Green), 그린 표면이 계단을 형성하고 있는 것처럼 2단이면 이단그린, 3단이면 3단그린, 그린이 2개 있으면 이중그린, 보조그린, 아일랜드 그린 등이 있다.

그린 잔디 결에 따라 퍼팅을 달리하게 되는데, 캐디는 그린 잔디 결이 순결인지 역결인지도 파악해야 한다. 그린에서 퍼터로 볼을 홀에 넣기 위해 스트로크하는 것을 퍼트(Putt)라고 하며, 그린 위의 볼이 홀까지 가는 가상의 선을 라인(Line), 가상의 선이 꺾어지는 변곡점을 향해 볼을 놓는 것을 라이(Lie)라고 한다.

그린 위에 있는 깃대를 핀이라고 하며, 홀에 깃발을 꽂는데, 홀은 골프장 상황에 따라 9사분으로 나누어서 움직이게 되며, 핀이 있는 위치에 따라 앞 핀, 중 핀, 뒤 핀이라고 부른다. 핀 위치에 따라 깃발 색이 다르며, 깃발 색은 골프장마다 다르게 정한다.

플레이어의 볼이 그린에 올라왔다면, 캐디는 그린에서 ①마크하기 ②집어올리기 ③닦기 ④라인확인하기 ⑤라이놓기를 순서대로 하게 되는데 이를 그린 5단계라고 한다.

볼 마커(Ball Marker)는 볼을 마크하는 데 쓰는 동전이나 그와 비슷한 물건, 마크는 볼에 자신의 것임을 표시하는 일, 그린에서 볼 뒤에 동전이나 볼 마커로 표시한 후 볼을 들어올리는 일을 마킹(Marking)이라고 한다.

[그림 15-4] 핀과 홀

[그림 15-5] 그린 위에서 라인을 보고 있는 캐디

[그림 15-6] 퍼팅을 하고 있는 플레이어

　볼이 홀 1클럽 이내 가까운 거리에 있어서 다음 퍼팅할 필요가 없이 들어갈 것이 예상될 때 상대 플레이어가 컨시드(Concede)를 줄 수 있다. 상대 플레이어가 컨시드를 주면 캐디는 "감사합니다"라는 말을 하며, 컨시드를 김미(Give-me), 오케이(Okay)라고도 한다.

제 16 장
라운드 후

　18홀 라운드가 끝나면, 모든 것이 처음으로 되돌아 간다.
　마지막 홀을 마치고 홀 아웃하면서 [그림 16-1]과 같이 플레이어의 골프 클럽을 깨끗하게 세척한 후 처음 마주 한 모습 그대로 만든다.

　홀 아웃하면서 플레이어의 라운드 기록 즉, 매 홀마다 스코어를 기록한 스코어카드(Scorecard)를 어떻게 할 것인지를 묻고, 필요할 경우 고객에게 스코어카드를 전송해 주어야 한다.
　마커와 플레이어는 위원회가 승인한 친필 서명이나 전자인증방식으로 스코어를 확인 서명하며, 플레이어는 핸디캡 경기에서 자신의 핸디캡을 확인 서명한다.

　라운드 후 상대방의 스코어카드가 틀린 점이 없는 지 확인한 후 서명하는 것을 서티파이(Certify)라고 한다. 2109년 룰이 개정되기 전에는 어테스트(Attest)라고

[그림 16-1] 마지막 홀 아웃할 때 정리하는 장면. 사진: 포씨유신문 DB

했으며, 국내 아마츄어 대회에 캐디로 나갈 경우 선수들이 캐디에게 서티파이를 요청한다. 플레이어가 매 홀마다 기록한 스코어카드는 개인에게도 중요한 기록이지만, 단체로 왔을 경우에 반드시 필요하다.

단체 팀일 경우, 라운드가 끝난 후 식사를 같이 하면서 캐디가 입력한 스코어카드에 입각해서 시상을 하게 된다. 우승, 준우승, 신페리오 우승, 다버디, 다보기, 이글 등 여러 상들이 있지만, 보통 4개 부문에 대한 시상을 한다. 롱기스트(Longest), 니어리스트(Nearest), 신페리오 우승, 메달리스트(Medalist)

지정된 파5홀에서 티샷한 볼이 가장 멀리 나간 플레이어에게 주는 장타자 상이 롱기스트이며, 지정된 파3홀에서 티샷한 볼이 핀에 가장 가까이 붙은 플레이어에게 시상하는 상이 니어리스트이다.

라운드 중 가장 적은 스코어를 기록한 플레이어에게 주는 상이 메달리스트다.

마지막으로 논란이 많은 신페리오(New Perio)다. 신페리오 방식은 플레이어들의 공인 핸디캡이 없는 상태에서 임의적으로 핸디캡을 적용하는 방식으로 경기 당일 플레이한 스코어로 즉석에서 핸디캡을 산출하고 이를 기반으로 최종 스코어를 계산하는 방식이다.

신페리오는 '뉴 피오리아(New Peoria)'에서 유래한 일본식 콩글리시다.

피오리아는 경기 위원이 타수 합이 24가 되는 6개 홀을 임의로 정하고, 라운드를 마친 후에 이미 정한 6개 홀 스코어에 3배를 곱한 후 거기에 코스의 파를 빼면 그게 핸디캡이 된다. 6개 홀은 전반 3개홀과 후반 3개홀 각각 파3홀 1개, 파4홀 1개, 파5홀 1개를 합치면 34가 된다.

(6개홀 스코어 X 3 −72) X 80% = 핸디캡

예를 들어 지정된 6개홀에서 24개를 쳤다면, 24 X 3 = 72-72 = 0이 되기 때문에 핸디캡이 0이 되고, 30개를 쳤다면, 30 X 3 = 90-72 = 18, 18의 80%인 14.4가 핸디캡이 된다.

피오리아 방식이 정확도가 떨어진다고 해서 만들어진 것이 뉴피오리아 방식으로 핸디캡을 계산하기 위해서 산정하던 6홀을 12홀로 2배 증가시키고, 2배로 증가시켰기 때문에 3이란 상수를 1.5배로 감소시켜서 만든 것이 뉴피오리아 방식이다.

(12개홀 스코어 X 1.5 −72) X 80% = 핸디캡

피오리아와 뉴피오리아는 골프를 잘 치는 사람만이 항상 우승을 하는 것이 아

니라 골프 초보자도 우승할 수 있게 만들기 위해서 고안된 방식이며, 특히 상수 80%가 초보자와 상급자의 간격을 줄여준다.

야구에서 만루 홈런을 치면, 이를 그랜드 슬램(Gland Slam)이라 한다.
    테니스대회 그랜드 슬램은 호주 오픈, 프랑스 롤랑가로스, 영국 윔블던, US 오픈 4개 메이저 대회를 단식 또는 복식에서 모두 우승한 선수나 팀을 그랜드 슬램이라고 한다. 역대 한 해에 4개 메이저 대회 우승한 기록은 남자 단식에는 1938년 돈 버지, 1962년과 1969년 로드 레이버, 여자 단식 1953년 모린 코놀리 브린커, 1970년 마가렛 코트, 1988년 스테피 그라프가 있다.

    골프에서 그랜드 슬램은 한 해에 4개 메이저 대회인 마스터스 토너먼트, PGA 챔피언십, US 오픈, 디오픈을 모두 우승한 사람을 말하며, 역대 1930년 바비 존슨만이 이 기록을 가지고 있다.
    2년 이상에 걸쳐 그랜드 슬램을 달성한 것을 커리어 그랜드 슬램(Career Grand Slam)이라고 하며, 3회에 걸쳐 커리어 그랜드 슬램을 달성한 잭 니클라우스, 타이거 우즈가 있고, 벤 호건, 개리 플레이어, 진 사라센이 있다.

골프 룰 - 구제 방법과 페널티

Part 5

스코틀랜드 세인트 앤듀루스에 본부를 둔 R&A와 뉴저지주 리버티 코너에 본부를 둔 USGA는 함께 전 세계의 골프를 관장하며 골프 규칙을 제정하고 해석하는 일을 한다. R&A와 USGA는 본 단일 규칙을 발간하는 데 서로 협력하지만 관할지역은 별도로 운영한다. USGA는 미국령 전 지역과 멕시코의 규칙을 관장하는 책임을 지고, R&A는 소속 골프단체들의 동의하에 세계의 나머지 모든 지역에서 그와 같은 책임을 진다. R&A와 USGA는 골프 규칙과 그 해석을 언제라도 수정할 권한을 갖는다. - 골프 규칙 서문에서 발췌

제 17 장	티잉구역
제 18 장	일반구역
제 19 장	페널티 구역과 벙커
제 20 장	퍼팅 그린

골프 룰은 누구나 이해할 수 있어야 하며, 서로 다른 능력을 가진 플레이어들이 전 세계적으로 다른 여러 유형의 코스에서 플레이할 때 발생할 수 있는 문제들에 대해서 명확한 해답을 줄 수 있어야 한다. 코스에서 플레이할 때 가장 빈번하게 발생하는 상황에서 어떻게 하면 구제를 받을 수 있고, 이에 따른 페널티가 어떻게되는 지에 대해서 경기의 심판 역할을 하고 있는 캐디가 자세하게 알고 있어야 한다.

지난 2023년 미국 페블비치에서 진행되었던 제78회 US여자오픈 1라운드에서 5번째 홀에서 LPGA 신인인 태국의 나타끄리타 웡타위랍(Natthakritta Vongtaveelap)이 캐디 실수로 실격처리 되었다. LPGA 투어는 2021년부터 경기 중 거리측정기 사용을 전면 허용하고 있지만, 미국골프협회(USGA)가 주관하고 있는 US오픈과 US여자오픈에서는 거리측정기 사용을 금지하고 있는데, 나타끄리타의 캐디인 김진섭이 라운드 도중 여러 차례 거리 측정기를 사용해서 골프 룰을 위반했고, 캐디의 룰 위반에 대해 나타끄리타가 첫 위반에 대해 일반 페널티를 받았고, 두 번째 위반으로 실격처리 되었다.

골프는 정교한 기술과 전략이 요구되는 스포츠로써, 경기의 공정성과 원활한 진행을 위해 엄격한 룰을 가지고 있다. 골프 룰은 플레이어가 다양한 상황에서 올바르게 행동할 수 있도록 세부지침을 제공하며, 그 중에서도 구제 방법과 페널티는 매우 중요한 요소로 작용한다. 플레이어가 예상치 못한 장애물이나 불가항력적인 상황에 직면했을 때 적절한 조치를 취할 수 있도록 적용되는 벌칙으로, 공정한 경쟁을 유지하고 규칙 준수 역할을 한다.

지금부터 코스의 각 구역에서 발생할 수 있는 문제에 대해서 캐디가 골프 룰을 적용해서 해결해야 하는 구제 방법과 페널티에 대해서 자세하게 알아보자.
먼저, 페널티를 적용하는 기준은 다음과 같다. 스트로크 플레이에서 페널티는 1벌타, 일반 페널티(2벌타), 실격으로 구분하며, 매치 플레이에서는 1벌타, 2벌타, 일반 페널티(홀 패)로 구분한다.

> **벌타** 1 구제를 받을 때나 우연히 실수했을 때
> 2 부주의로 위반이나 금지 사항을 위반했을 때
> **실격** 골프 경기의 기본원칙을 무시하거나 고의적으로 위반했을 때

제 17 장
티잉구역

> 먼저, 가장 가까운 완전한 구제지점(Nearest Point of Complete Relief)과 구제구역(Relief Area)에 대한 개념을 알아야 한다.
> 가장 가까운 완전한 구제지점이란 비정상적인 코스상태, 위험한 동물이 있는 상태, 잘못된 그린 플레이, 플레이금지구역으로부터 페널티 없이 구제를 받거나 특정한 로컬룰에 따라 구제를 받는 경우의 기준점을 말한다. 기존 룰에는 '가장 가까운 구제지점'이었으나, 완전한(Complete)이라는 단어가 추가되었다.
> 구제구역이란 골프 룰에 따라 구제를 받는 경우, 플레이어가 반드시 볼을 드롭하여야 하는 구역을 말하며, 플레이어는 구제구역의 크기를 측정하는 기준점과 기준점으로부터 한 클럽 길이 또는 두 클럽 길이 이내의 구제구역의 크기, 구제구역의 위치 제한을 받는다.
> 구제구역의 위치 제한의 개념이 중요한데, 구제구역은 반드시 일반구역에 있어야 하며, 기준점보다 홀에 더 가깝지 않아야 하며, 구제를 받으려고 하는 상태로부터 더 이상 방해를 받지 않는 곳이어야 한다.

    티잉구역 내에서 플레이어는 볼을 티 위에 올려 놓고 첫 번째 샷을 할 수 있다.
    티잉구역 내에서 볼의 위치나 다른 상황에 따라 구제가 필요할 수 있다.
    다음은 티잉구역에서의 구제 방법과 페널티에 대한 설명이다.

[그림 17-1] 인천 그랜드 CC 티잉구역 [출처: 포씨유 DB]

1. 티잉구역 내에서 볼을 티업하고 샷을 했다. 스탠스가 티잉구역을 벗어난 상황일 때 구제 방법과 페널티는 무엇일까?

티잉구역 내에 티 마크가 2개 있다. 티마크 양쪽을 연결하여 후방 2클럽 내에서 볼을 티업하고 칠 수 있다. 이 때, 티잉구역 외에서 볼을 치게 되면 2벌타 후에 다시 구역 내에서 칠수 있게 하여야 한다. 그렇다면, 스탠스는 벗어나도 되는 것인가? 스탠스는 벗어나도 된다. 골프 볼만 구역 내에서 치면 된다.

> **골프 룰 6.2b 티잉구역 규칙**
> **볼이 티잉구역에 있는 경우**
> 볼의 일부가 티잉구역에 닿아있거나 티잉구역의 위에 있는 경우, 그 볼은 티잉구역에 있는 볼이다. 플레이어는 티잉구역에 있는 볼에 스트로크를 할 때 그 티잉구역 밖에 설 수 있다

2. 티잉구역에서 볼이 O.B가 되었을 때 구제방법과 페널티는?

가장 일반적인 방법은 원래의 티잉구역에서 다시 플레이 하는 것이다. 이 방법은 '스트로크와 거리 구제'(Stroke-and-Distance Relief)를 적용 받는다. 즉, 다음과 같은 절차를 따른다.

1벌타를 받고 원래의 티잉구역에서 다시 티샷을 한다.

> **골프 룰 18.1 스트로크와 거리의 페널티 구제는 언제든지 허용한다**
> (Relief Under Penalty of Stroke and Distance Allowed at Any Time)
> 언제든지 플레이어는 1벌타를 추가하고 직전의 스트로크를 한 곳에서 원래의 볼이나 다른 볼을 플레이함으로써 스트로크와 거리 구제를 받을 수 있다.

다른 구제방법으로는 로컬 룰에 의한 방법이 있다. 로컬 룰에 의한 방법은 경기 속도를 높이고 페이스를 유지하기 위한 방법이다.

로컬 룰이 적용될 경우

2벌타를 받고 볼이 O.B로 나간 지점 근처에 공을 드롭하고 플레이를 계속한다.

O.B 여부를 확실히 판단해야 하며, 동반 플레이어의 확인이 필요하다.

볼이 O.B인지 애매한 경우 프로비저널볼(Provisional ball)을 선언하고 플레이 할 수 있다. 이 경우 프로비저널볼(Provisional ball)은 원구가 O.B가 아닌 경우를 대비한 샷이다. 원구가 O.B가 아닌 경우 프로비저널볼(Provisional ball)은 무효가 된다.

> **규칙 18.3 프로비저널볼(Provisional ball)**
> 18.3a 프로비저널볼이 허용되는 경우
> 18.3b 프로비저널볼 플레이 선언하기
> 18.3c 프로비저널볼이 인플레이볼이 되거나 포기한 볼이 되는 경우

[그림 17-2] 티잉구역에서 어드레스하는 장면 [출처: 포씨유 DB]

3. 어드레스 하다가 클럽 헤드에 의해 볼에 닿아 티에서 떨어졌을 때 구제방법과 페널티는 무엇일까?

플레이어가 티잉구역에서 어드레스 중 클럽 헤드에 의해 볼이 움직여 티에서 떨어진 경우, 해당 볼은 아직 인플레이 상태가 아니기 때문에 플레이어는 페널티 없이 볼을 다시 티 위에 올려 놓을 수 있다.

이 상황에서는 페널티가 없다.

볼이 아직 인플레이[1] 상태에 들어가지 않았기 때문이다. 플레이어는 볼을 원래 위치인 티 위에 다시 놓고 샷을 하면 된다. 하지만 스윙을 하다가 헛스윙을 하여 볼이 티에서 떨어졌을 때는 인플레이가 된 상황이기 때문에 볼을 그대로 플레이 해야 한다.

> **규칙 6.2b 티잉구역 규칙**
> **(5) 스트로크를 하지 않은 볼은 인플레이볼이 아니다**
> 플레이어가 그 볼에 스트로크를 하지 않는 한, 그 볼은 인플레이볼이 아니므로 스트로크를 하기 전에는 페널티 없이 그 볼을 집어 올리거나 움직일 수 있다.

> 플레이어가 티에 올려놓은 볼에 스트로크를 하기 전에 그 볼이 티에서 저절로 떨어지거나 플레이어가 그 볼을 떨어지게 한 경우, 그 볼은 페널티 없이 티잉구역에서 티업할 수 있다. 그러나 볼이 티에서 떨어지는 도중이나 떨어진 후에 플레이어가 그 볼에 스트로크를 한 경우에는 페널티는 없지만 그 스트로크는 타수에 포함되며, 그 볼은 인플레이볼이다.
>
> **(6) 인플레이볼이 티잉구역에 놓인 경우**
> 플레이어의 인플레이볼이 스트로크 후(예, 스트로크를 하였으나 볼을 맞히지 못하여 그 볼이 티 위에 그대로 있는 경우) 또는 구제를 받은 후에도 그 티잉구역에 있는 경우 플레이어는 페널티 없이 그 볼을 집어 올리거나 움직일 수 있고, 그 볼을 놓인 그대로 플레이할 수도 있으며, 그 볼이나 다른 볼을 그 티잉구역 어디에서든 티에 올려 놓거나 지면에 내려놓고 플레이할 수 있다.

4. 프로비저널볼(Provisional Ball)이라고 선언하지 않고 다시 티업하고 쳤을 때 구제방법과 페널티는 무엇일까?

프로비저널볼을 선언하지 않고 치게 된다면 자동으로 원구는 O.B로 나갔거나 분실 된 것으로 간주된다. 규칙에 따라 1벌타를 받고, 다시 친 샷은 세번째 샷이 된다. 따라서 플레이어는 두번째 샷을 친 위치에서 3번째 샷을 치게 된다.

> **골프 룰 18.3b 프로비저널볼 플레이 선언하기**
> 플레이어는 반드시 그 스트로크를 하기 전에 프로비저널볼을 플레이하겠다고 선언을 하여야 한다.
> 플레이어가 프로비저널볼을 플레이할 의도가 있었다 하더라도 이와 같이 선언하지 않고 직전의 스트로크를 한 곳에서 볼을 플레이한 경우, 그 볼은 스트로크와 거리의 페널티를 받은 인플레이볼이다.

5. 티샷할 때 순서를 바꿔서 칠 수 있을까?

일반적으로 첫 티잉구역에서는 스코어카드에 적힌 순서대로 티샷을 한다. 그 이후의 홀에서는 가장 낮은 스코어를 기록한 플레이어가 먼저 티샷을 한다. 동점인 경우에는 이전 홀의 타순에 따라 치게 된다. 하지만 타순을 어기고 쳐도 페널티는 없다. 타순을 어긴다고 페널티는 없지만 에티켓에 어긋나는 행동으로 간주 될 수는 있다. 매치플레이에서는 상대방의 동의 없이 타순을 바꿔서 치는 것은 규칙 위반이며, 상대방에게 다시 샷할 것을 요구할 수 있다.

> **골프 룰 6.4 홀을 플레이할 때의 플레이 순서(Order of Play When Playing Hole)**
> 홀에서 플레이하는 순서에 관한 규칙으로, 티잉구역에서 플레이 순서는 누가 오너를 가졌는가에 따라 정해지며 그 이후의 순서는 어느 볼이 홀로부터 가장 멀리 있는가에 따라 정해진다.
>
> – 매치플레이에서는 플레이 순서가 기본적인 요소이다: 플레이어가 순서를 지키지 않고 플레이한 경우, 상대방은 그 스트로크를 취소시키고 플레이어로 하여금 다시 플레이하도록 할 수 있다.
>
> – 스트로크플레이에서는 순서를 지키지 않고 플레이한 것에 대한 페널티가 없으며 플레이어들이 '준비된 골프(Ready Golf)', 즉 안전을 확보한 상태에서 순서와 관계없이 플레이하는 것을 허용하며 권장한다.

6. 티잉구역 외에서 티샷 한 볼이 O.B가 되었을 때 구제방법과 페널티는 무엇일까?

티샷은 반드시 가상의 티잉구역 내에서 이루어져야 한다. 티잉구역 외에서 친 샷은 2벌타를 받고, 원래 티잉구역 내에서 다시 티샷을 해야 한다. 예를 들어, 첫번째 샷을 티잉구역 외에서 쳤다면, 페널티를 포함하여 다시 치는 샷을 4번째 샷이 된다. (1타+2벌타+다시 치는 샷)

> **골프 룰 14.7 잘못된 장소에서 플레이한 경우(Playing from Wrong Place)**
> 14.7a 반드시 볼을 플레이하여야 할 장소를 위반하여 잘못된 장소에서 플레이한 경우에는 일반 페널티가 부과된다.

제 18 장

일반구역

　일반구역(General Area)은 골프 코스의 대부분을 차지하는 구역으로, 플레이어가 가장 많이 플레이하는 장소이다. 페널티구역, 그린, 벙커, 티잉구역 같은 특수구역을 제외한 모든 코스 부분을 포함한다. 일반구역에 있는 볼을 칠 때 알아야 할 기본 규칙과 구제 방법을 살펴보자.

　일반구역은 공을 있는 그대로 플레이하는 것이 원칙이다. 움직일 수 있는 장해물은 제거 가능하며, 공이 움직이면 벌타가 적용되고 움직일 수 없는 장해물에서는 무벌타로, 가장 가까운 완전 구제 지점에서 드롭한다.

1. 티샷한 볼이 사라졌다.

　지난 4월 6일 벌어진 두산건설 위브 챔피언십 3라운드 8번 파5홀에서 최가빈 선수가 티샷한 볼이 사라졌다. 이럴 경우 골프 규칙에 따라 어떻게 행동해야 하나?

[규칙 7] 볼 찾기: 볼의 발견과 확인에 관한 규칙으로 스트로크 후 플레이어가 자신의 인플레이볼을 올바르게 찾을 때 허용되는 합리적인 행동에 관한 규칙이다.

1) 볼을 확인하는 방법

[규칙 7.3] 볼을 확인하기 위해 집어 올리기에 따라 플레이어는 플레이어의 볼인지 확인하기 위하여 그 볼을 돌려보거나 집어 올릴 수 있다. 단, 그렇게 하기 전에 반드시 그 볼의 지점을 먼저 마크하여야 하며, 확인하는 데 필요한 정도 이상으로 그 볼을 닦아서는 안 된다. (퍼팅 그린에서는 예외)

그리고, 집어 올린 볼은 반드시 원래의 지점에 리플레이스하여야 한다. 집어 올리기 전에 그 지점을 마크하지 않았거나 닦는 것이 허용되지 않는데 그 볼을 닦은 경우, 플레이어는 1벌타를 받아야 한다. 아래 그림에는 나오지 않지만, 관련 영상을 확인해 보면, 최가빈 선수가 볼을 확인하기 위해 집어 올리기 전에 티를 마크하고 볼을 꺼내 확인하는 모습을 볼 수 있다.

[그림 18-1] 2024년 두산건설 위브 챔피언십 3라운드 도중 볼을 확인하고 있는 최가빈 선수
[출처: SBS골프 유튜브 캡처]

2) 볼 찾는 시간

> [규칙 18.2a]에 따라 플레이어나 플레이어의 캐디가 볼을 찾기 시작한 후 3분 안에 발견되지 않은 경우, 그 볼은 분실된 볼이다.

[그림 18-2] 좌측 페널티구역에서 볼을 찾고 있는 캐디

3) 프로비저널볼로 친다.

볼을 찾지 못했고, 볼 찾는 시간 3분을 허용했다. 이럴 경우 [규칙 18.3] 프로비저널볼에 따라 다른 볼을 플레이할 수 있다.

> **18.3a 프로비저널볼이 허용되는 경우**
> 볼이 페널티구역 밖에서 분실되었거나 아웃오브바운즈로 갔을 수도 있는 경우, 시간을 절약하기 위하여 플레이어는 스트로크와 거리의 페널티를 받고 잠정적으로 다른 볼을 플레이할 수 있다.

볼이 분실되었을 경우라는 것은 원래의 볼이 발견되거나 확인되지는 않았지만 아직 그 볼이 분실된 것은 아닌 경우, 볼이 페널티구역에서 분실되었을 수도 있고 코스 어딘가에서 분실되었을 수도 있는 경우를 말한다.

규칙 18.3b에 따라 플레이어는 반드시 그 스트로크를 하기 전에 프로비저널

볼을 플레이하겠다는 선언을 해야 한다.

플레이어가 프로비저널볼을 플레이할 의도가 있었다 하더라도 이와 같이 선언하지 않고 직전의 스트로크를 한 곳에서 볼을 플레이한 경우, 그 볼은 스트로크와 거리의 페널티를 받은 인플레이볼이다.

> **여기서 잠깐!**
> 보통 잠정구라는 말을 사용하는데, 정확한 골프 룰에서는 잠정구라는 용어는 사라지고 대신 프로비저널볼(Provisional Ball)이라고 한다. 국제대회에 많이 참가하는 한국선수들이 정확한 용어를 사용하게 함으로써 페널티를 받지 않기 위해서 이렇게 프로비저널볼이라고 했다.

2. 일반구역에 있는 솔방울로 연습 스윙을 했다.

코스 내에는 여러 가지가 떨어져 있다. 그 중에서 유독 솔방울을 보면 본능적으로 스윙을 하게 된다. 코스 중간에 떨어져 있는 솔방울을 연습 삼아 쳐도 괜찮을까?

[그림 18-3] 페어웨이 위 솔방울 [출처: 포씨유 DB]

답부터 말하자면, 솔방울은 된다.

아래 골프 룰에 보면, 솔방울로 예를 들지는 않았지만, 볼을 치려는 의도 없이 한 연습 스윙에 대해서는 특별한 규제를 두고 있지 않다.

> **골프 룰 5.5a** 홀을 플레이하는 동안 연습 스트로크를 해서는 안된다.
> **다음은 연습 스트로크에 해당되지 않는다.**
> 1) 볼을 치려는 의도 없이 한 연습 스윙
> 2) 단지 호의로, 연습장이나 다른 플레이어 쪽으로 보내주기 위하여 볼을 친 경우
> 3) 홀의 결과가 결정된 홀에서 플레이어가 한 스트로크

그러나, 여기서 우리가 알아야 하는 것이 있다. 바로 루스임페디먼트(Loose Impediment)다.

루스임페디먼트는 돌맹이, 붙어있지 않은 풀, 낙엽, 나뭇가지, 나무토막, 동물의 사체와 배설물, 벌레와 곤충, 벌레나 곤충처럼 쉽게 제거할 수 있는 동물과 그런 동물들이 만든 흙더미나 거미줄, 에어레이션 찌꺼기를 포함한 뭉쳐진 흙덩어리와 같이 어딘가에 붙어있지 않은 모든 자연물을 말한다.

코스내에서 자라거나 붙어 있는 버섯은 루스임페디먼트에 속하지 않는다. 즉, 버섯으로 연습스윙을 하면 페널티를 받을 수 있다.

> **골프 룰 15.1a 루스임페디먼트 제거**
> 페널티 없이, 플레이어는 코스 안팎 어디에서나 루스임페디먼트를 제거할 수 있으며 어떤 식(예, 손이나 발, 클럽, 그 밖의 장비)으로든 그렇게 할 수 있다.

3. 샷한 볼이 카트 위에 있다.

2023년 US Open에서 카메룬 영이 티샷한 볼이 리포터의 골프 카트에 올라갔고, 지난 두산건설 위브 챔피언십 2라운드에서 윤이나가 티샷한 볼이 아래 그림처럼 카트위에 멈춰 섰다.

[그림 18-4] 두산건설 위브 챔피언십 2라운드에서 윤이나가 티샷한 볼이 카트 위에 걸린 모습
[출처: SBS골프캡처]

이럴 경우 어떻게 처리해야 하나?

> [규칙 11.1] 움직이고 있는 볼이 우연히 사람이나 외부의 영향을 맞힌 경우)에 해당하며, 11.1a에 의해 어떤 플레이어에게도 페널티가 없으며, 11.2b 볼은 반드시 놓인 그대로 플레이하여야 한다.
>
> [규칙 11.1b] 예외 조항을 보면, 퍼팅 그린 이외의 곳에서 플레이한 볼이 사람·동물·움직이고 있는 외부의 영향 위에 정지한 경우 플레이어는 그 볼을 놓인 그대로 플레이해서는 안 되며, 반드시 다음과 같이 구제를 받아야 한다.
>
> [규칙 14.3] 구제구역에 드롭하기]에 따라 볼이 있었던 자리에서 드롭한 후 스트로크를 해야 한다.
>
> [규칙 14.3c] 볼은 반드시 구제구역 안에 드롭하고 구제구역 안에 정지해야 한다.

2023년 더플레이어스 챔피언십에서 매티아스 쉬왑(Matthias Schwab)이 친 어프로치 샷이 움직이는 방송 카트에 올라간 적이 있다. 이럴 경우 어떻게 처리할까? 위 경우와 똑 같은 규칙이 적용된다.

이를 순서대로 설명하면 다음과 같다.

1 쉬왑이 친 어프로치 샷이 카트 뒤에 들어간 장면
2 볼이 있던 카트 자리에서 드롭하는 장면
3 구제구역 내로 볼을 이동시키는 장면
4 구제구역 내로 볼을 이동시킨 후 스트로크하는 쉬왑

[출처: PGATOUR 유튜브 캡처]

라운드 중에 골프 볼을 까마귀와 같은 동물이 물고 가거나 다른 사람에 의해 이동되거나 사라진 경우가 있을 수 있다. 골프 룰에 따라 외력(동물, 사람 등)이 볼을 이동시키거나 가져간 것이 확실히 동반자들과 보았을 경우에는 플레이어는 벌타 없이 원래 위치에 볼을 리플레이스 할 수 있다.

어디서 사라진 지 확실하지 않다면 최대한 근처에 놓고 치면 된다.

4. 돌이나 카트 도로에 부딪쳐 볼의 균열이 생기거나 변형되었을 경우 볼의 교체가 가능할까?

플레이어는 볼이 손상 되었을 때 교체 할 수 있다. 하지만 단순히 외관상의 손상만으로는 교체가 허용되지 않으며, 실제로 플레이 성능에 영향을 미칠 정도의 손상이 있어야 한다.

손상이 확인되면, 플레이어는 벌타 없이 볼을 교체할 수 있다.

새로운 볼을 손상된 볼이 있던 위치에 놓고 경기를 재개한다. 볼 교체 전에 동반자나 경기 위원에게 손상을 알리는 것이 좋다. 손상이 없는데도 불구하고 볼을 교체하면 1타의 페널티가 부과될 수 있다.

> **골프 룰 6.3b 홀을 플레이하는 동안 다른 볼로 교체하는 경우**
> 다른 볼로 교체가 허용되는 경우와 허용되지 않는 경우 – 어떤 규칙들은 플레이어가 홀에서 플레이 중인 볼 대신 다른 볼을 인플레이볼로서 교체하는 것을 허용하고 어떤 규칙들은 허용되지 않는다.

손상된 볼을 교체하는 것에 대해서 R&A 룰에는 명시적으로 기록되어 있지 않지만, 경기위원에게 손상을 알리고 교체할 수 있다.

[그림 18-9] 일반구역에서 스트로크하기

5. 샷을 하기 전에 연습 스윙을 하다가 클럽 헤드에 볼이 닿아서 움직였다.

초보자라면 누구나 한번씩 경험이 있다.

단지 연습 스윙만 했는데, 내 클럽이 볼을 때려서 볼이 굴러간다. '내가 너무 긴장을 했나!' 아니면, 티에 올려 놓았던 볼이 연습 스윙 도중에 떨어졌다. 내가 건드린 것도 아닌데 . . . '왜, 내 스윙이 바람을 몰고 오나?'

캐디 눈치를 한번 보고, 멋쩍은 미소를 날리면서 다시 볼을 집어 든다.

캐디 눈치 볼 필요 없다. 그런데, 여기서 생각해 봐야 할 문제가 몇 가지 있다.

첫 번째는 티잉구역이나 퍼팅 그린이냐 아니면, 일반구역, 페널티구역이나 벙커이냐에 따라서 적용되는 룰이 다르다.

이 문제를 해결하기 전에 연습 스트로크가 뭔지에 대한 정의가 필요하다.

골프 룰 5.5는 라운드 동안 또는 중단된 동안 연습하기에 대한 규정인데, 플레이하는 동안 연습 스트로크를 해서는 안된다고 규정하고 있다.

단, '볼을 치려는 의도 없이 연습 스윙을 한 경우는 연습 스트로크에 해당되지 않는다'는 규정이 있다. 즉, 볼을 치려는 의도가 없이 스윙하는 것은 연습 스윙으로 연습 스트로크가 아니다.

티잉구역과 퍼팅구역에서 연습스윙을 하다 볼을 건드린 경우에는 무벌타

먼저, 티잉구역에서 플레이어가 티에 올려놓은 볼에 스트로크를 하기 전에 그 볼이 티에서 저절로 떨어지거나 플레이어가 그 볼을 떨어지게 한 경우, 그 볼은 페널티 없이 티잉구역에서 다시 티업할 수 있다.

즉, 연습 스윙을 하다가 실수로 티업된 볼을 떨어뜨린 경우라면, 그 볼은 페널티 없이 다시 티업해서 스트로크를 이어갈 수 있다.

플레이어가 연습도중 볼을 고의로 건드리거나 움직이게 한 경우에는 1벌타를 받게 되는데, 골프 룰 9.4b에 예외 3번, 퍼팅 그린에서 플레이어가 볼을 우연하게 움직인 경우에는 페널티 없이 리플레이스하고 퍼트를 하면 된다.

> **골프 룰 6.2 티잉구역에서 플레이하기 Playing Ball from Teeing Area**
> 6.2b 티잉구역 규칙 (5) 스트로크를 하지 않은 볼은 인플레이볼이 아니다.
>
> **골프 룰 13.1d 퍼팅 그린에서 볼이나 볼마커가 움직인 경우**
> 볼을 우연히 움직이게 한 경우에는 페널티가 없으며, 플레이어는 반드시 그 볼을 원래의 지점에 리플레이스해야 한다.

위에서 설명한 티잉구역과 퍼팅 그린이 아닌 나머지 3개 구역(일반구역, 페널티구역, 벙커)에서 연습 스윙을 하다가 볼을 건드리면 2가지 중 하나를 선택해야 한다. 골프 룰 9.4.b에 의해 1벌타 받고 리플레이스 하거나, 볼이 나간 곳에서 그냥 치거나…

> **골프 룰 9.4 플레이어가 집어 올리거나 움직인 볼 Ball Lifted or Moved by Player**
> 9.4b 볼을 집어 올리거나 고의로 건드리거나 움직이게 한 경우의 페널티

두 번째, 연습 스윙을 하는데 볼이 외부의 영향이나 자연의 힘에 의해서 움직였는지 아니면, 내가 맞춰서 움직였는가에 따라 다르다.

연습 스윙 도중에 볼이 바람과 같은 자연의 힘에 의해서 움직인 경우에는 코스 어디에서나 무벌타로 볼이 움직인 새로운 지점에서 플레이할 수 있다. 단, 퍼팅 그린에서 움직인 경우에는 반드시 그 볼을 리플레이스해야 한다(룰 13.1d 참조).

> **골프 룰 9.3 자연의 힘에 의하여 움직인 볼 Ball Moved by Natural Forces**
> 자연의 힘(예. 바람 · 물)이 플레이어의 정지한 볼을 움직이게 한 경우
> – 페널티는 없으며
> – 그 볼은 반드시 그 새로운 지점에서 플레이하여야 한다.

 플레이어나 플레이어의 캐디가 볼을 찾기 시작한 후
3분 안에 발견되지 않은 경우, 그 볼은 분실된 볼이다.

6. 볼을 찾다가 볼을 발로 건드렸다.

볼을 찾는 과정에서 고의가 없이 우연하게 자신의 발로 볼을 움직인 경우 벌타 없이 원래 위치에 있던 곳에서 리플레이스 해야 한다. 볼의 원래 위치가 기억나지 않는다면, 그 지점을 추정하여 리플레이스 한다.

여기서 중요한 것은 고의가 없어야 한다는 점이다. 만약 고의로 볼을 움직였다면, 일반 페널티를 받게 된다. 볼은 언제나 있는 그대로…

> **골프 룰 7.4 볼을 발견하거나 확인하는 과정에서 우연히 그 볼을 움직인 경우(Ball Accidentally Moved in Trying to Find or Identify It)**
> 플레이어의 볼을 발견하거나 확인하는 과정에서 플레이어나 상대방 또는 다른 누군가에 의하여 그 볼이 우연히 움직인 경우, 페널티는 없다.
> 이와 같이 볼이 움직인 경우, 그 볼은 반드시 다음과 같이 원래의 지점에 리플레이스하여야 한다(그 지점을 알 수 없는 경우에는 반드시 추정하여야 한다)

7. 볼을 쳤는데 클럽에 2번 맞았다.

플레이어라면 누구나 이런 경험이 있다. 특히 그린 주변에서 어프로치 샷을 할 때 최대한 힘을 빼고 한 스윙이 클럽에 연속으로 두 번 맞는 경우가 있다. 이를 '더블히트(Double Hit)', 더블터치(Double Touch)라고 하는데, 한국에서는 투터치(Two Touch)라 부른다. 콩글리쉬다. 룰이 바뀌기 전에는 1벌타를 받았는데, 2019년 개정 된 룰에서는 페널티 없이 한번의 스트로크로 간주한다.

> **골프 룰 10.1a 볼을 올바르게 치는 방법**
> **스트로크 할 때,**
> 플레이어는 반드시 클럽의 헤드로 올바르게 볼을 쳐서 클럽과 볼 사이에 순간적인 접촉만 일어나도록 하여야 하며, 볼을 밀어내거나 끌어당기거나 퍼올려서는 안 된다.
> 플레이어의 클럽이 우연히 두 번 이상 볼을 맞히더라도, 그것이 단 한 번의 스트로크로 그렇게 된 경우에는 페널티가 없다.

8. 다른 사람의 볼을 잘못 쳤다.

플레이어는 잘못된 볼을 쳤다는 사실을 확인했다면 2타의 페널티를 받고, 본인의 볼을 찾아서 원래의 위치에서 플레이를 재개한다. 매치플레이에서는 해당 홀을 패배로 간주하고 다음 홀로 진행한다.

플레이어는 항상 본인의 볼을 식별하고 확인한 후에 샷을 하는 것이 중요하다.

> **골프 룰 6.3c 잘못된 볼**
> (1) 잘못된 볼에 스트로크를 한 경우 - 플레이어는 잘못된 볼에 스트로크를 해서는 안된다.
> - 그 스트로크는 타수에 포함되지 않으며
> - 플레이어는 반드시 원래의 지점에서 올바른 볼을 플레이하거나 규칙에 따른 구제를 받음으로써 규칙에 따라 그 잘못을 바로잡아야 한다. 규칙 6.3c (1)을 위반하여 잘못된 볼을 플레이한 것에 대한 페널티: 일반 페널티 다른 플레이어가 플레이어의 볼을 잘못된 볼로 플레이한 경우
>
> (2) 다른 플레이어가 플레이어의 볼을 잘못된 볼로서 플레이한 것을 알고 있거나 사실상 확실한 경우, 플레이어는 반드시 원래의 지점에 원래의 볼이나 다른 볼을 리플레이스하여야 한다.

만약 잘못된 볼을 치고 그 잘못을 시정하지 않은 상태에서 스코어카드를 제출한다면, 플레이어는 실격이 된다.

9. 볼이 나무에 올라갔다.

이런 경우는 매우 적지만, 만약 볼이 플레이할 수 없는 상태로 나무에 걸려 있다면, 일반적으로 언플레이어블볼 룰을 적용하여 구제 받을 수 있다. 플레이어는 언제든지 자신의 볼을 언플레이어블볼로 선언할 수 있다. 이 경우, 1타의 벌타를 받고 구제 받을 수 있다.

> **골프 룰 19 언플레이어블볼(Unplayable Ball)**
> 본 룰은 플레이어가 페널티구역을 제외한 코스 어디에서든 어려운 상황에서 벗어나기 위한 방법으로 언플레이어블볼 구제 - 원칙적으로 1벌타 - 를 선택하는 것을 허용한다.

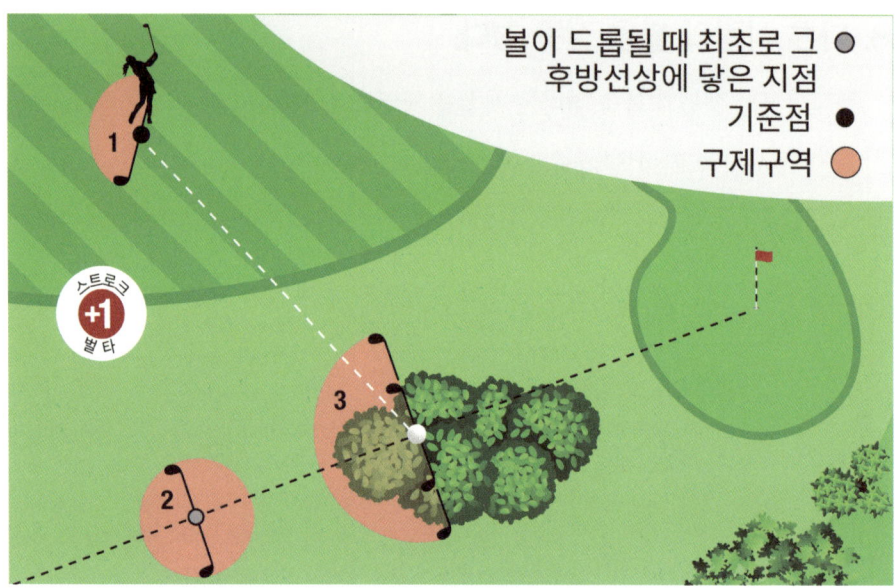

[그림 18-10] 일반구역에서 언플레이어블볼에 대한 구제방법 [자료: randa.org]

플레이어가 언플레이어블볼로 선언한 후, 1벌타를 받은 후에 다음의 3가지 구제방법을 택할 수 있다.

> **첫 번째**, 플레이어는 직전의 스트로크를 한 곳에서 원래의 볼이나 다른 볼을 플레이할 수 있는 스트로크와 거리 구제를 받을 수 있다.
>
> **두 번째**, 홀로부터 원래의 볼이 있는 지점을 지나는 기준선에 따라 정해지는 구제구역에 원래의 볼이나 다른 볼을 드롭할 수 있는 후방선 구제를 받을 수 있다. 이때 구제 구역 크기는 한 클럽 이내이다.
>
> **세 번째**, 측면 구제구역에 원래의 볼이나 다른 볼을 드롭할 수 있는 측면 구제를 받을 수 있다. 이 때 구제구역의 크기는 두 클럽 길이 이내이다.

벌타 없이 나무에 올라가서 클럽으로 칠 수 있지만 올라가다 볼이 떨어지거나 일부러 볼을 떨어뜨린다면 1벌타 후에 다시 원래 있던 지점으로 리플레이스를 해야 하니 선택을 잘 해야 한다.

10. 볼이 멀리 있는 순서 관계없이 쳤다.

스트로크 플레이에서는 볼이 있는 위치에 상관없이 원칙을 따르지 않고 치더라도 페널티는 없다. 대신 경기 흐름에 대한 비매너로 간주 될 수 있으니 주의해야 한다. 매치플레이에서는 멀리 있는 볼부터 치는 것이 원칙이다. 상대방이 잘못된 순서로 플레이한 경우에는 샷을 무효로 선언할 수 있다. 이 경우 잘못된 순서로 친 플레이어는 다시 원래의 순서대로 플레이 해야 한다.

최근에는 경기 속도를 높이기 위해 '준비된 골프(Ready Golf)'가 권장되기도 한다. 특히 아마추어 경기나 친선 경기에서는 준비된 플레이어가 먼저 샷을 하는 경우가 많다. 준비 된 플레이어가 먼저 치더라도 항상 최우선으로 안전을 고려해야 한다. 같은 선상에 있는 경우 두 볼이 거의 같은 위치에 있을 때 먼저 준비 된 플레이어가 먼저 치는 것이 경기 속도에 도움이 된다.

이런 규칙과 개념을 이해하고 적용함으로써, 플레이어는 공정한 경기와 빠른 진행을 모두 만족 시킬 수 있다.

11. 코스 상태가 좋지 않아서 볼을 옮겨서 플레이했다.

동절기나 폭우로 인해서 코스 상태가 나빠서 볼을 옮겨 플레이를 해도 괜찮을까?

보통 코스 상태가 안 좋거나, 비가 많이 와서 정상적인 플레이를 하기 힘들 때, 겨울철에 잔디가 잘 자라지 않기 때문에 디봇 등이 너무 많을 때, '페널티없이 볼을 더 좋은 상태로 옮겨서 칠 수 있도록 허용'하는 규칙이 있는데, 이를 로컬 룰에 프리퍼드 라이(Preferred Lied)라고 한다. 로컬 룰에 의해서 라운드 전에 서로 합의하면 적용해서 칠 수 있으며, 경기위원회에서 프리퍼드 라이를 허용하는 경우도 있다.

프리퍼드 라이를 적용한 경기는 '볼을 집어 들어서, 닦고, 다시 놓는다(Lift, Clean, and Place)'. 이 때 규정의 적용을 받는데, 첫번째는 마크를 하지 않아도 되지만, 마크하는 것을 권장하고 있으며, 두번째 페어웨이(Fairway)에서만 적용되며, 세번째는 그린에 가깝지 않은 6인치(15.2cm) 이내에 좋은 라이에 볼을 놓아야 하며, 네번째는 한번만 옮길 수 있다.

프리퍼드 라이에 관련된 재미있는 위반 사항은 2016년 JLPGA에서 우에하라 아야코(Uehara Ayako)가 이토엔여자골프대회(Ito En Ladies Golf Tournament) 1라운드에서 페어웨이에서 볼을 옮길 때 한 클럽 내로 볼을 옮겨 놓고 플레이를 했고, 이를 모르고 스코어카드를 그대로 제출했다.

이에 우에하라는 15개 홀에서 19번 볼을 옮겨서 잘못된 장소에서 플레이를 했기 때문에 잘못된 장소에 대한 플레이 19번, 각각 2페널티 총 38페널티를 받았고, 또한 15개 홀에서 스코어카드를 잘못 적었기 때문에 15개홀에서 각각 2페널티 총 68페널티를 받게 되어서, 1라운드 성적 73타 플러스 68 페널티 결국 1라운드 141타를 기록하였다.

또 다른 골프 룰 위반 사항은 지난 2023년 7월 17일 세계랭킹 3위의 리디아 고가 LPGA 투어 다나 오픈(Dana Open) 마지막 라운드에서 룰 위반으로 7벌타를 받아 이븐 파 71타가 7오버 파 78타가 되면서 공동 65위가 되었다.

사소할 것 같았던 규칙 위반은 리디아 고의 전속 캐디인 데이비드 존스(David Jones)가 빠진 상태에서 캐디 백을 코치 테드 오(Ted Oh)의 팀원이 매면서 발생했다는 사실이 더 안타깝게 만들었다.

LPGA 대변인에 따르면 "2023 다나 오픈 최종 라운드에서 프리퍼드 라이가 적용된 홀은 1번 홀과 10번홀이지만, 리디아 고는 11번 홀에서 플레이할 때 룰 오피셜이 리디아 고가 3번홀, 7번홀, 9번 홀에서 룰 위반에 따라 원래 장소로 돌아가서 플레이해야 함에도 할 수 없었기 때문에 룰 14.7a에 따라 3개홀에서 일반 페널티(스트로크 플레이에서 2페널티)를 받아 6페널티를 받았고, 11번 홀에서는 원래 지점에 볼을 놓고 플레이 했기 때문에 룰 9.4b에 따라 1페널티를 받아 최종 7페널티를 받았다"고 말했다.

아래 리디아 고의 4라운드 스코어카드를 보면, 3번홀과 7번홀 파 기록이 더블 보기가 되었고, 9번홀 보기가 트리플 보기가 되었다. 최종 1오퍼파 공동 65위 기록이 이 중대한 룰 위반만 없었다면, 6언더파 공동 26위로 마무리 되었을 것이다.

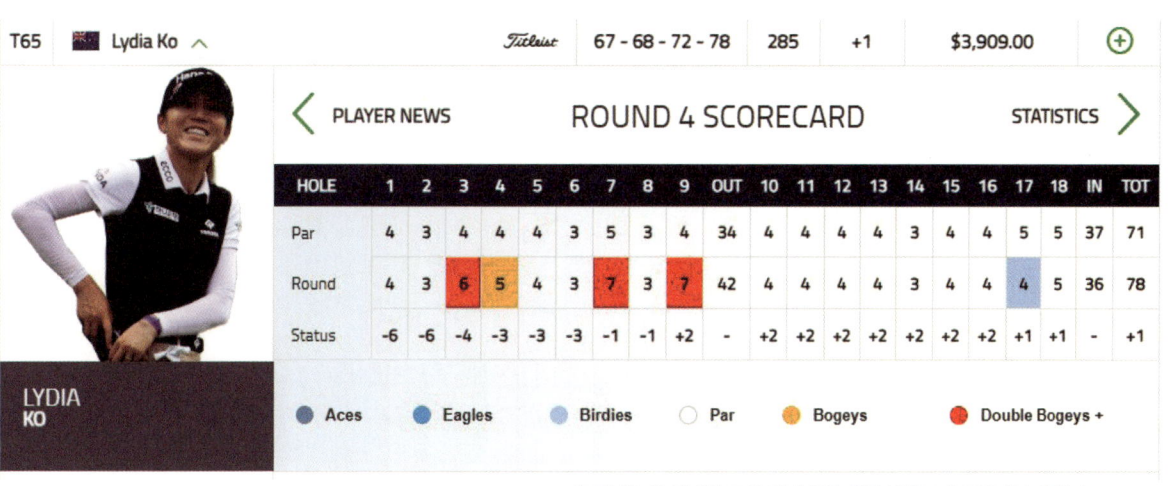

[그림 18-11] 리디아 고의 다나 오픈 최종 라운드 스코어카드, 출처: lpga.com

룰 14.7a 반드시 볼을 플레이하여야 할 장소

홀을 시작한 후

▶ 플레이어는 반드시 자신의 볼이 정지한 곳에서 각 스트로크를 하여야 한다. 다만 다른 장소에서 플레이할 것을 규칙에서 요구하거나 허용하는 경우는 예외이다(규칙 9.1 볼은 놓인 그대로 플레이하기 참조).

▶ 플레이어는 잘못된 장소에서 자신의 인플레이볼을 플레이해서는 안 된다.

규칙 14.7a를 위반하여 잘못된 장소에서 플레이한 것에 대한 패널티: 일반 페널티

룰 9.4b 볼을 집어 올리거나 고의로 건드리거나 움직이게 한 경우의 페널티

자신의 정지한 볼을 집어 올리거나 고의로 건드리거나 움직이게 한 경우, 플레이어는 1벌타를 받는다. 그러나, 다음과 같은 경우는 예외이다.

예외 1 – 플레이어가 집어 올리거나 움직이는 것이 허용되는 경우
예외 2 – 볼이 발견되기 전에 우연히 움직이는 경우
예외 3 – 퍼팅 그린에서 우연히 움직인 경우
예외 4 – 퍼팅 그린 이외의 곳에서 규칙을 적용하는 동안 우연히 움직인 경우

 동절기나 폭우로 인해 코스 상태가 나쁠 경우 볼을 옮겨 플레이할 수 있다.

로컬룰 모델 E-3 프리퍼드 라이

목적 – 일시적으로 비정상적인 상태가 공정한 플레이를 방해할 수도 있는 경우에는 그 영향을 받은 코스의 일부를 수리지로 규정할 수 있다. 그러나 때로는 폭설이나 봄철의 해빙기, 장마, 무더위 같은 불리한 기상상태가 코스를 손상시키거나 잔디를 깎는 육중한 장비의 사용을 방해할 수도 있다. 이와 같은 상태가 코스에 넓게 퍼져 있는 경우, 위원회는 공정한 플레이가 가능하도록 하고 페어웨이의 일부 또는 전부를 보호하기 위해 '프리퍼드 라이'에 관한 로컬룰을 채택할 수 있다.

다만 이와 같은 로컬룰은 코스의 상태가 호전되는 즉시 철회되어야 한다. 일반구역의 페어웨이가 아닌 곳에서 본 로컬룰을 사용할 경우에는 플레이어들이 다른 이유로 플레이할 수 없었을 수도 있는 구역(예–덤불이나 나무가 우거진 곳)에서 페널티 없는 구제

를 받게 될 수도 있기 때문에, 일반구역의 페어웨이가 아닌 곳에서 본 로컬룰을 사용하는 것은 권장하지 않는다.

코스의 지면이 전반적으로 질퍽한 상태라서 볼에 진흙이 달라붙을 수도 있는 경우, 위원회는 '프리퍼드 라이'에 관한 로컬룰을 사용하지 않고, 일반구역에서 볼을 집어 올려 닦은 후 리플레이스하는 것을 허용할 수도 있다(로컬룰 모델 E-2). 스트로크플레이 라운드에서 플레이가 시작되고 난 후에 프리퍼드 라이에 관한 로컬룰을 시행하는 것은 승인되지 않는다. 그렇게 하면, 플레이할 홀이 더 많이 남은 플레이어들이 더 오랫동안 그 로컬룰을 사용할 수 있는 이익을 얻을 수 있기 때문이다.

그러나 매치플레이에서는 상대방과 플레이어가 똑같이 혜택을 받기 때문에, 플레이가 시작된 후 홀과 홀 사이에서라도 그 로컬룰을 시행할 수 있다. 핸디캡 산정을 목적으로 제출할 스코어를 위한 경기에서 프리퍼드 라이에 관한 로컬룰을 사용할 수 있는 경우와 방법(구제구역의 크기 및 페어웨이에만 적용해야 하는지 여부)에 대해서는 월드 핸디캡 시스템의 규칙 또는 권장사항 및 그 밖의 지침을 관리·운영하는 대한골프협회의 핸디캡위원회에서 문의해야 한다.

로컬룰 모델 E-3 "플레이어의 볼이 일부라도 잔디 길이가 페어웨이의 잔디와 같거나 그보다 짧은 일반구역 또는 [특정 구역(예-6번 홀의 페어웨이)]에 닿아 있는 경우, 플레이어는 페널티 없이 다음의 조건을 모두 충족시키는 구제구역에 원래의 볼이나 다른 볼을 플레이스하여 페널티 없는 구제를 받을 수 있다.

- **기준점** 원래의 볼이 있는 지점
- **구제구역의 크기**
  기준점으로부터 [특정한 길이(예-한 클럽 길이·스코어카드 길이·6인치)] 이내의 구역
- **구제구역의 위치 제한**
  – 구제구역은 반드시 그 기준점보다 홀에 더 가깝지 않아야 하며
  – 반드시 일반구역에 있어야 한다.

본 로컬룰에 따라 진행하는 경우, 플레이어는 반드시 볼을 플레이스할 지점을 선택하고, 규칙 14.2b(2)와 14.2e에 따라 볼을 리플레이스하는 절차를 사용해야 한다. 그러나 규칙 14.2e를 적용할 목적으로 볼을 내려놓으면, 플레이어는 그 볼을 플레이스할 지점만 선택한 것이며, 그 볼이 인플레이되도록 할 의도로 그 볼을 놓은 것이다. 따라서 그 볼이 플레이스되고 본 로컬룰에 따라 인플레이 상태가 된 후, 구제가 허용되는 다른 규칙에 따라 진행할 때는 본 로컬룰을 다시 사용할 수도 있다. 본 로컬룰을 위반하여 잘못된 장소에서 플레이한 것에 대한 페널티: 규칙 14.7a에 따라 일반 페널티"

12. 카트 도로 위에 볼이 있다.

맨홀, 카트 도로, 나무 지주목과 같은 물체는 움직일 수 없는 장해물에 해당하며, 장해물이 스탠스나 스윙 경로를 방해하거나, 볼이 그 위에 있을 경우 구제 받을 수 있다.

[그림 18-12] 카트 도로 위 볼 [출처: 포씨유 DB]

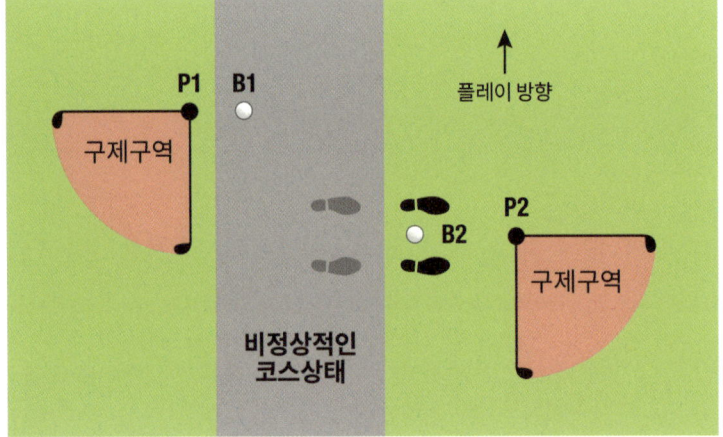

[그림 18-13] 골프 룰 16.1a: 비정상적인 코스상태로부터 구제가 허용되는 경우
[자료: randa.org]

플레이어의 볼이 움직일 수 없는 장해물을 포함해서 비정상적인 코스상태의 안이나 위에 있는 경우(B1) 또는 그 상태가 플레이어의 의도된 스탠스나 의도된 스윙 구역에 방해가 되는 경우(B2), 그 비정상적인 상태로 인한 방해로부터 페널티 없는 구제를 받을 수 있다.

B1의 가장 가까운 완전한 구제지점은 그 상태와 가장 가까운 P1이다.
B2의 가장 가까운 완전한 구제지점은 P2이며, 스탠스가 비정상적인 코스 상태에서 벗어나야 하기 때문에 그 상태로부터 더 멀어지게 된다.

13. O.B 말뚝의 경계선은 어디까지?

O.B(Out of Bounds) 말뚝의 경계선은 코스 내부와 외부를 구분하는 경계 역할을 한다. 흰색 말뚝으로 표시되며, 이 구역으로 볼이 들어가면 칠 수 없는 장외 지역이 된다. O.B로 예상이 될 때는 제자리에서 프로비저널 볼을 치고 1벌타의 페널티를 받는다.

경계선은 O.B말뚝의 코스 안쪽 가장 자리인데, 말뚝을 연결하여 볼의 일부가 경계선 안쪽에 있으면 O.B가 아니다. 경계를 확인할 때 말뚝 사이의 보이지 않는 직선을 기준으로 한다. O.B말뚝은 고정 장해물로 뽑을 수 없는 말뚝이다. O.B 말뚝이 볼을 치려는 스윙에 방해가 되어 뽑고 친다면 2벌타를 받는다.

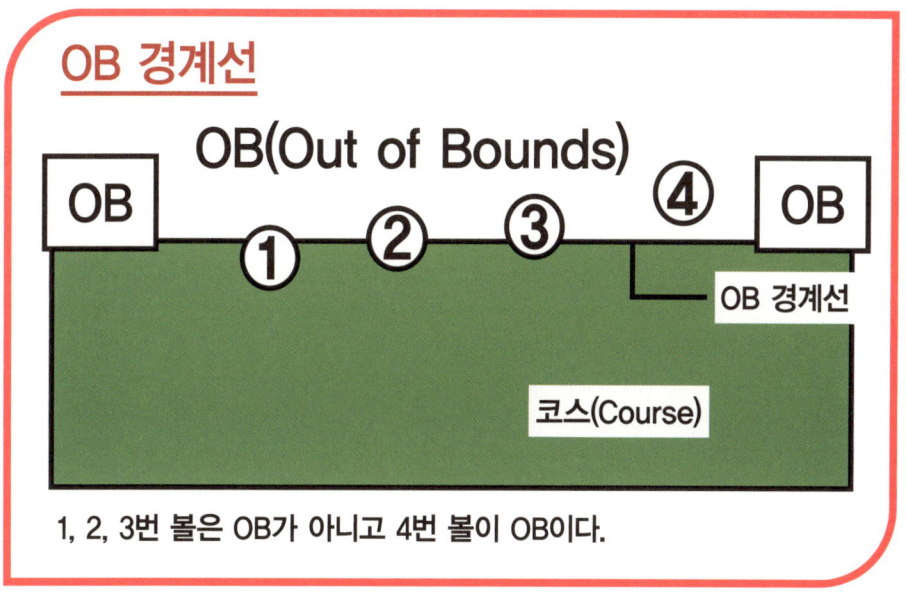

제 19 장
페널티구역과 벙커

골프에서 페널티구역은 코스 내에서 특별히 지정된 지역으로, 주로 물이 있거나 볼을 잃기 쉬운 지역을 의미한다. 페널티구역은 빨간색 또는 노란색 말뚝이나 선으로 표시된다. 페널티구역에 들어간 볼을 어떻게 처리 할 수 있는지 알아보자.

> **페널티구역에서 구제 방법(골프 룰 17)**
> 1. 볼을 있는 그대로 칠 수 있다 (무벌타)
> 2. 볼을 제자리에서 다시 친다 (1벌타)
> 3. 빠진 선상과 그린의 홀컵을 연결하여 후방으로 무한 드롭 (1벌타)
> 4. 빠진 선상 측면에서 2클럽 이내 드롭하여 친다 (1벌타) → 노란색 말뚝은 불가하고 빨간 말뚝에서만 가능

1. 페널티 표시 말뚝에 볼이 걸렸을 때 말뚝을 뽑고 쳤다.

페널티구역에 볼이 있다면 말뚝은 움직일 수 없는 장해물로 간주되며, 제거할 수 없다. 페널티 말뚝을 그대로 놓고 플레이해야 하며, 말뚝이 방해가 되는 경우

[그림 19-1] 페널티구역 말뚝
[출처: 포씨유 DB]

[골프 룰 17-1 페널티구역에 있는 볼에 대한 선택사항]에 따라 1벌타를 받고 구제 받을 수 있다. 하지만 페널티구역 밖에 볼이 살아 있다면 볼이 놓인 그대로 플레이 하거나 페널티 구제를 받고 플레이할 수 있다.

2. 연못을 넘기려다가 반대편 페널티구역 밖에 연목 턱에 맞고 물속으로 빠졌다.

페널티구역에 볼이 들어 간 상황으로 간주 된다.

페널티구역은 위에 설명한 4가지 구제 방법이 있는데 페널티구역 밖에 언덕을 맞고 빠졌는지, 페널티구역 안에 언덕을 맞고 빠졌는지가 중요하다.

페널티구역 밖에 언덕을 맞고 빠졌을 경우에는 맞고 빠진 곳에서 2클럽 내에서 드롭하고 칠 수 있다. 하지만 페널티구역 안을 맞고 빠진 다면 최초의 페널티구역 말뚝의 경계선을 지나간 곳에서 칠 수 있다.

[그림 19-2] 노란 페널티구역에 있는 볼에 대한 구제

볼이 노란 페널티구역에 있는 것을 알고 있거나 사실상 확실한 상황에서 구제를 받으려고 하는 경우, 플레이어는 1벌타가 부과되는 다음과 같은 두 가지 구제방법 중 한 가지 방법을 선택할 수 있다.

✓ **첫 번째,** 위 그림 1과 같이 **스트로크와 거리 구제**를 받을 수 있다.

✓ **두 번째,** 위 그림 2와 같이 **후방 구제**를 받을 수 있다.

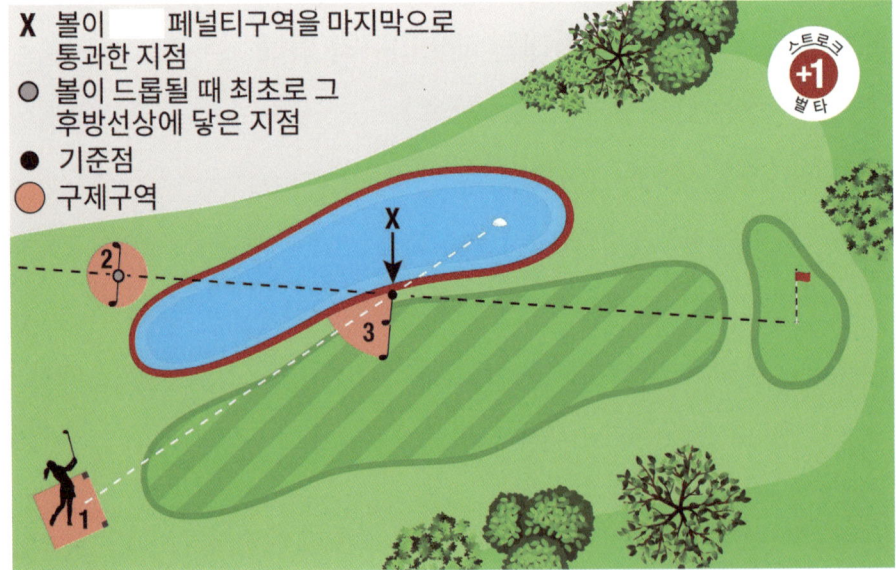

[그림 19-3] 빨간 페널티구역에 있는 볼에 대한 구제

볼이 빨간 페널티구역에 있는 것을 알고 있거나 사실상 확실한 상황에서 구제를 받으려고 하는 경우, 플레이어는 1벌타가 부과되고 다음과 같은 3가지 구제 방법 중에서 한 가지 방법을 선택할 수 있다.

- ✓ **첫째,** 스트로크와 거리 구제를 받을 수 있다. (위 그림 1번)
- ✓ **둘째,** 볼이 홀과 빨간 페널티구역을 마지막으로 통과한 지점으로부터 후방선 구제를 받을 수 있다. (위 그림 2번)
- ✓ **셋째,** 플레이어는 측면 구제(빨간 페널티구역에서만 해당)를 받을 수 있다. (위 그림 3번)

3. 페널티구역 안의 루스임페디먼트를 치웠다.

페널티구역 안의 루스임페디먼트(Loose Impediments)를 치울 수 있다.

2019년 골프 규칙 개정 이후 허용 된 사항이다. 과거에는 페널티구역 안에서 루스임페디먼트를 치우는 것이 금지되었으나, 새 규칙에 따라 이제는 페널티구역 안에서도 일반구역과 동일하게 루스 임페디먼트를 제거 할 수 있다. 하지만 볼이 움직이지 않도록 주의해야 하는데 볼이 움직인다면 1벌타의 페널티가 부과되고 다시 리플레이스를 해야 한다.

4. 벙커에서 발을 모래에 묻는 과정에서 볼이 움직였다.

플레이어의 실수로 인한 볼의 움직임으로 간주 된다. 2벌타의 페널티를 받고 볼을 다시 원래 위치로 리플레이스를 해야 한다.

> 골프 룰 12.2b 벙커의 모래를 건드리는 것에 대한 제한

5. 벙커 위 언덕에 고무래에 볼이 걸쳐 있다.

고무래는 움직일 수 있는 장해물로 고무래를 치웠을 때 볼이 움직이면서 벙커에 들어간다고 해도 볼을 원래 있던 자리로 옮길 수 있다. 이 때 무벌로 원위치하여 리플레이스 한다.

[그림 19-4] 벙커 위에 고무래 [출처: 포씨유 DB]

6. 연습 스윙 또는 백스윙을 하다가 클럽 헤드가 모래에 닿았다.

연습 스윙 또는 백스윙을 하다가 모래를 건드리는 행동을 해서는 안된다. 스트로크에 영향을 미치는 상태를 개선한 경우 2벌타의 페널티를 받는다.

> **골프 룰 12.2b 벙커의 모래를 건드리는 것에 대한 제한**
> (1) 모래를 건드려서 페널티를 받게 되는 경우 – 벙커에 있는 볼에 스트로크를 하기 전에, 플레이어는 다음과 같은 행동을 해서는 안된다.
>   – 다음 스트로크를 위한 정보를 얻으려고 모래의 상태를 테스트하기 위하여 고의로 손·클럽·고무래·그 밖의 물체로 모래를 건드리는 행동
>   – 다음과 같이 클럽으로 벙커의 모래를 건드리는 행동: 볼 바로 앞뒤에 있는 모래를 건드리는 행동, 연습 스윙을 하면서 모래를 건드리는 행동, 스트로크를 위한 백스윙을 하면서 모래를 건드리는 행동
>
> 룰 12.2의 위반에 대한 페널티: 일반 페널티

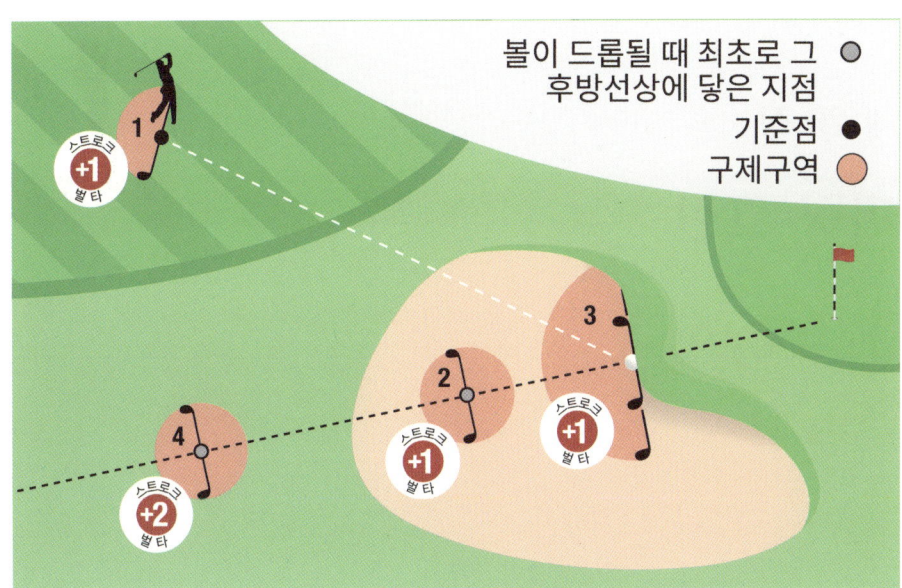

[그림 19-5] 골프 룰 19.5 벙커에서 언플레이어블볼에 대한 구제 방법 [자료: randa.org]

7. 벙커 안에 있는 볼을 플레이할 수 없다.

벙커에 있는 자신의 볼을 플레이할 수 없을 경우, 언플레이어블볼을 선언하고, 플레이어는 아래의 4가지 구제 방법 중 한 가지를 선택하여 구제받을 수 있다.

✓ **첫 번째,** 위 그림 1과 같이 1벌타를 받고 스트로크와 거리 구제를 받을 수 있다.

✓ **두 번째,** 위 그림 2와 같이 1벌타를 받고, 벙커 안에서 후방선 구제를 받을 수 있다.

✓ **세 번째,** 위 그림 4와 같이 2벌타를 받고, 벙커 밖에서 후방선 구제를 받을 수 있다.

✓ **네 번째,** 위 그림 3과 같이 1벌타를 받고, 벙커 안에서 측면 구제를 받을 수 있다.

8. 벙커 안에 박힌 볼이 누구의 볼인지 모르겠다.

박힌 볼의 브랜드가 본인 것인지 확인이 필요한 경우는 모래를 살짝 파면서 확인을 하고 다시 모래를 원상 복구 해야 한다.

벌타 없이 원상복구만 해놓으면 된다.

제 20 장
퍼팅 그린

퍼팅 그린은 골프 룰이 엄격하게 적용되는 공간으로 스코어와 밀접한 관계가 있기 때문에 캐디가 골프 룰을 엄격하게 적용해야 한다.

1. 에지(Edge)에 있는 볼을 집어 들었다.

그린을 둘러싸고 30-50cm 띠와 같은 구역이 있는데, 이를 에지라고 한다. 일반적으로 그린과 에지 잔디 길이 차이는 약 10mm이며, 페어웨이 잔디보다는 짧고 그린 잔디보다는 길다. 에지는 그린이 아니고, 코스의 일부분이라서, 골프 룰에 따라 볼을 마크하고 볼을 집어 올려서는 안된다. 볼을 만지기만 해도 1벌타를 부과한다.

> **골프 룰 9.4b 볼을 집어 올리거나 고의로 건드리거나 움직이게 한 경우의 페널티**
> 자신의 정지한 볼을 집어 올리거나 고의로 건드리거나 움직이게 한 경우, 플레이어는 1벌타를 받는다. 그러나, 다음과 같은 경우는 예외이다.
> **예외 1** - 플레이어가 볼을 집어 올리거나 움직이는 것이 허용되는 경우
> **예외 2** - 볼이 발견되기 전에 우연히 움직인 경우
> **예외 3** - 퍼팅 그린에서 우연히 움직인 경우
> **예외 4** - 퍼팅 그린 이외의 곳에서 규칙을 적용하는 동안 우연히 움직인 경우

[그림 20-1] 그린과 에지

2. 그린과 에지의 경계선에 볼이 걸쳐 있다.

그린과 에지의 경계선에 볼이 걸쳐 있을 때, 마크할 수 있을까? 볼이 그린에 조금이라도 걸쳐 있으면 그린이다. 볼이 그린에 있을 때와 그린이 아닐 때에는 플레이어가 할 수 있는 것이 다르다. 볼이 그린이 아닌 에지에 있을 때는 마크를 하고 공을 닦을 수 없고 방향만 어디로 칠지 머릿속으로 그려서 퍼터로 칠 수 있다.

볼이 그린에 있을 때는 마크를 하고 볼을 닦고 볼에 있는 라인으로 볼에서 홀까지의 라인을 확인 후에 라이를 놓을 수 있다. 에지에서 이 룰을 알지 못하고 마크하고 들어 올린다면 2벌타의 페널티가 부과된다.

[그림 20-2] 그린에서 볼 앞에 볼이 있어 마크해야 하는 상황 [출처: 포씨유 DB]

3. 아뿔싸, 마크없이 볼을 집어 들었다.

2020년 당시 세계 랭킹 1위, 메이저 대회인 US 오픈(2021년)과 마스터스 토나먼트(2023년) 우승 포함 PGA 투어 11승, 2023년 리브 골프로 옮긴 스페인 최고의 골프 선수, 바로 존 람에 대한 설명이다.

[그림 20-3] 2020년 올림피아 필드에서 열린 BMW 챔피언십 3라운드 5번 파4홀 그린에서 마크없이 볼을 집어 올리는 존 람(John Rahm) [출처: PGA TOUR]

이런 존 람도 어이없는 실수를 할 때도 있었다.

세계최고 선수들만 출전하는 PGA 투어 왕중왕전이라고 할 수 있는 BMW 챔피언십 3라운드 5번홀 그린, 존 람은 위 자료 화면처럼 볼을 집어 들었고, 캐디에게 전달하려고 한 순간… 잠시 순간 멈춤이 진행되었다.

"아뿔싸, 마크를 안 했군"

그림 20-4] 바로 레프리가 왔고, 1페널티를 받은 후 볼을 원 위치에 놓고 경기를 진행해 보기를 기록함, 출처: PGA TOUR

레프리가 바로 왔고, 볼 원위치를 확인 후 1페널티를 받고 경기를 진행했다.

> **골프규칙 14**
> 볼에 관한 절차: 마크하기·집어 올리기·닦기; 리플레이스하기; 구제구역에 드롭하기;
> 잘못된 장소에서 플레이한 경우

규칙 14.1a 집어 올린 후 리플레이스하여야 할 볼은 반드시 그 지점을 마크하여야 한다. 그 지점을 마크하지 않고 볼을 집어 올렸거나 잘못된 방법으로 마크하였거나 볼마커를 제거하지 않고 스트로크를 한 경우 플레이어는 1벌타를 받는다. 위 규정에 의해서 당시 마크를 하지 않고 볼을 집어 들은 람의 경우 1벌타를 받고, 볼이 원래 있을 것으로 추정되는 곳에서 리플레이스를 한 후 경기를 진행해야 한다.

4. 퍼팅 그린에서 플레이한 볼이 다른 플레이어의 볼을 맞혔다.

[규칙 11.1a] 예외 규정에 따라 플레이어가 퍼팅 그린에서 스트로크를 한 후 움직이는 볼이 그 퍼팅 그린에 정지해 있던 다른 플레이어의 볼을 맞힌 경우, 플레이어는 일반 페널티(2벌타)를 받는다.

[그림 20-5] 그린 위에서 퍼팅하고 있는 플레이어 [자료: 포씨유 DB]

그리고 멈춰진 곳에서 퍼팅을 이어 나가면 된다.

볼에 맞은 플레이어는 외부의 영향에 의해 볼이 움직였기 때문에 볼이 원래 있었을 곳으로 추정되는 곳에서 페널티없이 플레이하면 된다. 다만, 움직이고 있는 볼이 우연히 사람이나 외부의 영향을 맞힌 경우에는 어떤 플레이어에게도 페널티가 없다. [규칙 11.1]

어프로치한 볼이 그린에 있던 다른 플레이어의 볼을 맞힌 경우는?

[규칙 11.1]에 따라 모두 페널티가 없다. 다만, 그린에 있던 볼은 원래 자리에 추정되는 곳에서 리플레이스해야 하고, 어프로치 샷한 볼은 볼이 놓여진 그대로 플레이해야 한다.

그렇다면, 앞에 볼을 맞힌 후 친 사람의 볼이 홀인이 된다면 어떻게 될까?

위에 이야기 했듯이 친 사람의 볼은 멈춘 장소 이기에 홀인이 인정이 되고 멈춰 있던 볼이 홀인이 된다면 리플레이스를 해야 하기 때문에 홀인이 인정되지 않는다.

5. 플레이하는 볼과 홀사이의 라인을 밟았다.

> 규칙 16.1a에 따르면, 퍼팅 라인을 밟거나 만지는 것은 일반적으로 허용되지 않는다. 하지만 실수로 밟는 것은 벌타가 없다. 벌타는 없지만 스포츠맨십 위반으로 간주 될 수 있다.
> 규칙 1.2 골프는 스포츠맨십을 중시하는 경기이다.

플레이어는 항상 정직하게 행동하고, 다른 플레이어의 권리를 존중하며, 코스의 상태를 유지해야 한다. 그린에서 캐디가 플레이어의 라인을 밟는 행위는 매너에 어긋나는 행동이니 주의해야 한다.

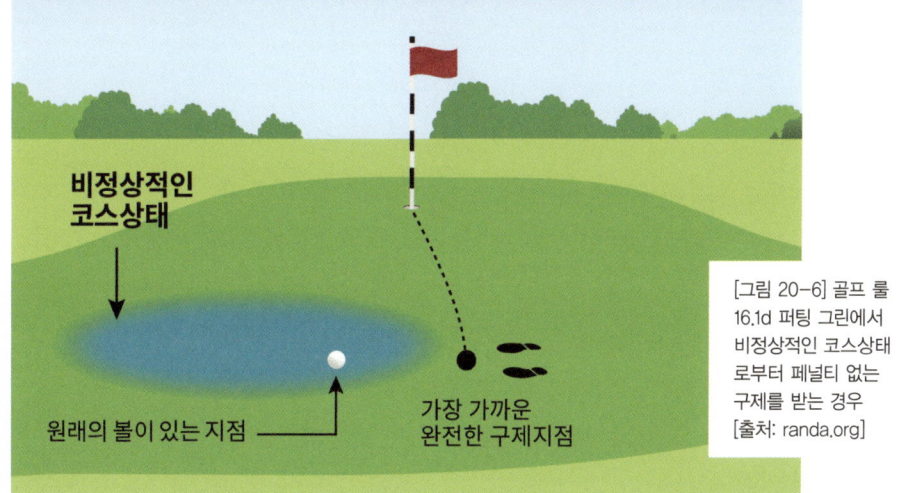

[그림 20-6] 골프 룰 16.1d 퍼팅 그린에서 비정상적인 코스상태로부터 페널티 없는 구제를 받는 경우 [출처: randa.org]

6. 홀과 볼 사이에 일시적으로 고인 물이 있어 칠 수 없다.

퍼팅 그린에서 일시적으로 고인 물로 인한 구제를 받을 때는 볼을 그린 위의 완전한 구제 지점(Complete Relief)에 놓고 플레이하면 되는데 이때 홀에 가까워 지면 안된다.

참고로 플레이스(Place)와 리플레이스(Replace)를 구별해야 한다.

플레이스는 위에서 설명했듯이 프리퍼드 라이, 윈터 룰과 같이 골프 룰에 따라 볼을 일정 지점에 놓거나 볼을 집어 올려 룰에 따라 다른 지점에 놓는 행위를 말하며, 리플레이스는 룰에 따라 볼이 있었던 제자리에 놓는 행위를 말한다. 리플레이스할 때는 마크를 해야 하며, 마크를 하지 않을 경우 1벌타.

7. 플레이어가 캐디에게 볼을 굴려서 주었다.

그린에서는 볼을 굴리는 행위가 그린의 상태를 테스트하려는 의도로 해석될 경우 스트로크에서는 2벌타, 매치 플레이에서는 홀 패배를 받는다.

즉, 볼을 캐디에게 굴려서 건네주는 행위가 그린을 테스트 하려는 의도일 때 페널티를 받고, 의도가 없다면 규칙 위반으로 간주되지 않는다. 이런 상황이 발생했을 때는 경기 위원회나 대회 주최 측의 판단을 구하는 것이 좋다.

> 골프 룰 13.1e 고의로 그린을 테스트해서는 안 된다.
> 라운드 동안과 규칙 5.7a에 따라 플레이가 중단된 동안, 플레이어는 퍼팅 그린이나 잘못된 그린을 테스트하기 위하여 다음과 같은 행동을 해서는 안 된다.
> – 그린의 표면을 문지르기
> – 그린에서 볼을 굴려보기
> 퍼팅 그린이나 잘못된 그린을 테스트한 것에 대한 페널티: 일반 페널티

8. 그린에서 플레이어에게 캐디가 방향을 지시하며 갖고 있던 클럽을 지면에 접촉했다.

규칙 10.2b 이 규칙에 따르면, 캐디는 플레이어의 스트로크에 도움을 주기 위해 퍼팅 라인에 대한 안내를 제공할 수 있지만, 퍼팅 라인이나 퍼팅 그린의 다른 부분에 클럽이나 다른 물건을 놓아 표시하거나 접촉해서는 안된다. 캐디는 플레이어에게 방향을 지시할 때 클럽이나 다른 물건을 지면에 접촉하지 않도록 주의해야 한다.

규칙 위반에 대해서는 일반 페널티가 부과된다.

[그림 20-7] 캐디가 깃대를 들고 있는 사진
[출처: 포씨유 DB]

9. 뽑아 둔 깃대에 플레이어가 친 볼이 맞았다.

> 골프 룰 13.2a(2)는 '깃대가 홀에 꼽힌 상태에서의 상황일 때 깃대를 맞아도 벌타가 없다' 라고 룰이 개정되어 무벌타이다.
> 골프 룰 12.2b(2)는 깃대가 홀에서 제거되었거나, 홀 밖에 있을 때를 다룬다. 룰에 따르면, 볼이 스트로크 후 제거 된 깃대에 맞았을 때도 벌타는 부과되지 않는다.

하지만 깃대가 고의로 볼의 경로를 막기 위해 놓아 둔 것이 아니어야 한다. 만약 깃대가 고의로 공의 경로에 놓인 경우 규칙 11-2 "Moving or Removing Objects to Affect Ball in Motion" (움직이는 공에 영향을 주기 위한 물체 이동 또는 제거)에 의해 2벌타에 해당한다.

10. 볼을 퍼터 앞면이 아닌 뒷면을 사용해 홀에 넣었다.

R&A 규칙에 따르면 퍼터를 포함한 클럽을 사용할 때 특정 면을 사용해야 한다는 규정은 없다. 따라서 퍼터의 뒷면을 사용해 볼을 치는 것은 규칙 위반이 아니다. 중요한 것은 볼이 정당한 스트로크로 홀에 들어갔다는 것이다.

필 미켈슨(Phil Mickelson)은 과거에 퍼터의 뒷면을 사용해 퍼팅한 적이 있다. 경기에서 드문 일이지만 규칙적으로 허용되기에 가끔 연습 라운드나 재미있는 상황에서 이런 퍼팅을 시도한 바 있다.

[그림 20-8]
홀컵에 볼이
홀인 된 사진
[출처: 포씨유 DB]

11. 퍼팅한 볼이 홀 끝에 걸쳐 있다.

퍼팅한 볼이 홀 끝에 걸쳐 있다. 어떻게 해야 할까?
∨ 1. 떨어질 때까지 기다린다.
∨ 2. 집어 올린다.
∨ 3. 살짝 움직여서 집어 넣는다.

이러한 일이 2023년 PGA 챔피언쉽 3라운드에서 발생했다. 리 호지(Lee Hodges)가 17번홀(파4)에서 6미터 파 세이브 퍼팅을 했다. 볼은 홀을 향해서 아주 잘 가고 있는데, 지난 비로 인해서 글쎄 홀 모서리에 딱 멈춰 버렸다. 리 호지 선수 어떻게 했을까?

호지 선수는 볼이 떨어질 때까지 기다리자고 했고, 기다렸던 보람이 있었던지 홀 끝에 걸쳐 있던 볼이 홀로 떨어졌다. 그대로 카메라에 볼이 떨어지는 모습이 잡혔다!

호지 선수의 볼이 중력에 의해서 홀 컵에 떨어졌는데, 호지 선수의 스코어는 파가 아니라 보기로 변했다. 그 이유는 골프 룰 13.3항 홀에 걸쳐 있는 볼에 대한 룰 때문이다.

> 규칙 13.3a 홀에 걸쳐있는 볼(Ball Overhanging Hole)
> 플레이어의 볼의 일부라도 홀 가장자리에 걸쳐 있는 경우 그 볼이 홀 안으로 떨어지는지 지켜보기 위하여 기다리는 시간(10초)이 더 허용된다.

[그림 20-9] 2023년 PGA 챔피언쉽 3라운드, 리 호지의 6미터 퍼팅 [자료: PGA Tour]

호지 선수의 볼이 홀 컵으로 떨어지는데 걸리는 시간이 30초가 조금 넘었다. 그래서 1벌타가 추가 되었다.

12. 볼 위치 순서없이 플레이 했다.

[상황1] 강원도 춘천 라데나 GC에서 벌어진 2024년 KLPGA 두산 매치 플레이 이예원과 윤이나 4강전 이예원이 1업(Up)인 가운데, 11번 파4홀 그린, 버디를 노리는 윤이나 선수의 퍼팅이 들어가면 홀 승하는 상황

[그림 20-10] 2024년 두산매치플레이 4강전, 윤이나가 퍼팅에 성공하면 홀 승리하는 상황
[자료: SBS Golf]

[상황2] 윤이나의 퍼팅이 홀에 들어가지 않고, 옆에 붙어서 윤이나가 이어치기를 했다. 우측에서 볼 마커 옆에서 리플레이스를 준비하던 이예원이 제지를 하고, 윤이나는 볼을 빼고 다시 마크를 하고, 이예원 선수가 먼저 쳐서 마무리 이어서 윤이나가 마무리했다.

[그림 20-11] 2024년 두산매치플레이 4강전, 윤이나가 퍼팅이어가기 하고, 이예원의 볼이 더 멀리 있는 상황
[자료: SBS Golf]

이 때 방송에서 "컨시드 안 줘요!"라고 이야기를 한다. 경기 진행자는 "매치플레이에서는 절대적으로 먼 선수가 먼저 쳐야 되는데, 윤이나 선수가 착각을 하고 먼저 피니쉬를 해버렸네요. 그래서 이예원 선수가 다시 치라고 했다"라고 말했다.

[룰 포인트] 매치플레이, 컨시드, 준비된 골프(Ready Golf), 플레이 순서

매치플레이는 가장 오래된 플레이 방식으로 플레이어나 편이 상대방이나 다른 편을 직접적으로 상대하여, 한 라운드 이상의 매치를 경쟁하는 방식으로 싱글매치, 스리볼매치, 포섬, 포볼로 플레이할 수 있는데, 두산매치플레이는 싱글매치에 속한다.

컨시드는 언제든지 허용되는데, 컨시드를 하려면 플레이어가 명백하게 의사를 전달해야 하는데, 이예원 선수는 컨시드를 주지 않았기 때문에 윤이나 선수는 플레이를 마쳐야 한다. 2019년 골프 룰 개정의 가장 핵심 내용은 신속한 경기 운영으로, 경기를 신속하게 하기 위해서 스트로크 플레이에 한해서 준비된 골프(Ready Golf)를 허용, 권장하고 있으며, 매치플레이에서는 여전히 볼이 멀리 있는 플레이어부터 플레이해야 한다.

> **골프 룰 3.2b 컨시드**
> 컨시드하는 방법: 플레이어가 명백하게 의사가 전달된 경우에 한하여 성립된다.
>
> **골프 룰 6.4 홀을 플레이할 때의 플레이 순서(Order of Play When Plying Hole)**
> 홀에서 플레이하는 순서에 관한 규칙으로, 티잉구역에서 플레 순서는 누가 오너를 가졌는가에 따라 정해지며 그 이후의 순서는 어느 볼이 홀보부터 가장 멀리 있는가에 따라 정해진다.
>
> – 매치플레이에서는 플레이 순서가 기본적인 요소이다: 플레이어가 순서를 지키지 않고 플레이한 경우, 상대방은 그 스트로크를 취소시키고 플레이어로 하여금 다시 플레이하도록 할 수 있다.
>
> – 스트로크플레이에서는 순서를 지키지 않고 플레이한 것에 대한 페널티가 없으며 플레이어들이 '준비된 골프(Ready Golf)', 즉 안전을 확보한 상태에서 순서와 관계없이 플레이하는 것을 허용하며 권장한다.

캐디 생활과 안전

Part 6

제 21 장　캐디의 하루
제 22 장　중대재해처벌법과 골프장 사고유형
제 23 장　우천 낙뢰 시 행동요령

500년전 캐디의 가장 중요한 업무는 플레이어를 위험으로부터 보호하는 역할이었다. 그 역할이 지금껏 내려와 캐디 자신과 플레이어를 다양한 방법으로 보호해야 한다.
캐디가 어떻게 하냐에 따라, 라운드 중에 다양한 위험에 노출될 수 있으며, 플레이어가 라운드 중에 위험에 노출될 수 있다.

카트는 플레이어가 운전할 수 없고, 캐디만 운전할 수 있기 때문에 카트로 인한 사고는 전적으로 캐디가 책임져야 한다. 카트는 안전벨트가 따로 없기 때문에 항상 카트를 타고 내릴 때 안전에 대한 경각심을 플레이어에게 심어 주어, 혹시 모를 위험으로부터 플레이어를 보호해야 한다.

제6부는 캐디가 골프장에서 어떻게 근무하고 있는 지에 관한 구체적인 내용과 근무 중에 만날 수밖에 없는 다양한 사건 사고에 대해서 예를 들어 자세하게 설명했으며, 이를 통해 미연에 사고를 방지할 수 있는 능력을 갖추고, 만약 사고가 발생하더라도 즉각적인 조치가 가능하도록 준비했다.

제 21 장

캐디의 하루

캐디가 근무하는 순서를 시간 순으로 정리해 보고, 근무에 필요한 근무 매뉴얼에 대해서 알아보자.

골프장은 시간 순으로 오전(1부), 오후(2부), 저녁(3부) 3타임으로 나누는데, 오전과 오후만 운영하는 골프장을 2부제 골프장이라 하고, 저녁(야간)까지 운영하는 골프장을 3부제 골프장이라고 한다.

1. 진행 순서

플레이어가 예약한 시간대마다 캐디가 1명 배정되는데, 일반적으로 캐디 순번에 의해 라운드 시간을 배정받는다.

> **1부** 첫 티오프(Tee-off) 시간이 새벽 6시10분으로 가정했을 때, 기본 티오프 시간 간격을 7분씩 두고 20줄 타임을 생성하면, 6시 10분부터 8시30분까지가 1부 티오프 시간대가 된다.
>
> **2부** 시간대는 1부 막팀 시간대에서 골프장 진행 상황에 따라 2시간 40분~3시간정도를 9홀을 라운드 후 2부 시간대 앞으로 들어갈 수 있도록 빈 타임 시간대를 만든다. 3시간을 빈 타임으로 가정하면 1부 막팀 8시30분에서 3시간 뒤인 11시 30분부터 13시50분까지가 2부 티오프 시간대가 된다.

18홀 골프장 기준 1부 40팀, 2부 40팀 총 80팀일 경우, 캐디 인원에 따라 2번을 근무할 수도 있고 1번을 근무할 수도 있다. 18홀 골프장에 캐디는 기본 80명이 순번으로 근무하는데, 휴무와 병가 인원을 제외한 실제 라운드를 나갈 수 있는 가용 인원은 60명 정도로 운영된다.

일일 예약팀 수가 80팀일 경우, 캐디 가용 인원이 60명일 때, 20명이 2번을 근무하게 된다. 캐디는 본인 티오프 시간 1시간 전에 출근해야 하지만, 식사를 골프장에서 한다면 티오프 시간보다 1시간 30분정도 더 일찍 출근해야 한다.

보통 1시간 전에 출근한 캐디는 카트에 놓을 테블릿 PC와 카트 리모컨을 경기과에 가서 준비해 오고, 무전을 받을 수 있도록 전원을 켜둔다. 플레이어가 라운드 도중 마실 수 있는 물을 보온통에 받아 놓고, 카트를 백 대기 장에서 플레이어의 캐디 백을 상차할 수 있도록 정차해 둔다.

[그림 21-1] 고객용 보온통 [출처: 포씨유 DB]

[그림 21-2] 경기과에서 캐디 배치하는 사진 [출처: 포씨유 DB]

캐디가 라운드 전에 준비 과정

티오프 시간 8시 기준

07:00 출근

07:20 백대기

07:30 배치표 수령, 캐디 백 상차

07:40 광장 이동

07:50 1번홀로 이동

[그림 21-4] 컨베이어벨트에서 백대기하고 있는 장면 [출처: 포씨유 DB]

    티오프 시간이 8시라면 40분 전 7시 20분에 플레이어가 내린 백이 백 대기 장으로 컨베이어 벨트를 이용해 내려오면 그것을 받아 플레이어의 성을 확인 후에 성 별로 백을 분류해서 놓아 둔다. 이 백들은 경기과에서 본인 티오프 시간 30분 전 정도에 배치를 받아 플레이어 이름을 확인한 후에 카트에 백을 상차한다. 플레이어가 이미 도착해서 캐디 백이 내려와 있을 수도 있고, 플레이어가 도착하지 않아서 캐디 백이 없을 수도 있다.

    플레이어 캐디 백이 없더라도 티오프 시간 20분 전인 7시 40분까지 백을 카트에 상차 후 광장으로 나가야 하며, 광장에 있는 경기과 직원에게 백이 없는 플레이어의 이름을 이야기 하고 티오프 시간에 맞추어 광장에서 대기해야 한다.

    골프는 정확한 시간과 순서를 지켜야 하는 스포츠이기 때문에 캐디는 플레이어 백이 도착하지 않더라도, 정해진 시간에 정해진 순서대로 움직여야 하고, 플레이어가 늦게 도착해서 백이 티오프 시간을 지나 내려 온 경우에는 경기과 직원의 도움을 받아 라운드 중간에 합류하게 된다.

[그림 21-5] 광장에서 직원이 티오프 확인 중 [출처: 포씨유 DB]

[그림 21-6] 광장에 정차되어 있는 카트 [사진: 이동규 기자]

광장 대기 중에 캐디는 가만히 있는 것이 아니라, 플레이어의 클럽을 정리하고 캐디 백에 들어 있는 클럽들을 파악하고 클럽 매칭(Club Matching)[1]을 해야 한다. 플레이어가 나오면 자주 사용하는 어프로치 클럽을 물어보고 준비를 하고 백과 플레이어를 매칭한다.

이 때 플레이어와 백을 매칭할 때, 포인트를 잡아 매칭하면 기억하기 쉽다. 예를 들어 파란 모자를 쓰거나 회색 조끼를 입었거나 빨간 신발을 신었을 때 포인트를 잡아 매칭을 하는 것이 좋다.

[그림 21-7] 카트에 상차되어 있는 4백
[출처: 포씨유 DB]

 티오프(Tee-off) 시간 10분 전 7시 50분에 플레이어를 카트에 태워 첫 번째 홀로 이동한다. 이동한 후 플레이어들은 장갑과 티와 볼을 준비하고 캐디와 함께 스트레칭을 한다. 스트레칭을 한 후 오너(Honor)를 뽑고 순서를 정한다.

 보통 전반 9홀을 도는 시간은 1시간 50분에서 2시간 정도로 보면 된다. 전반 9홀을 도는데 2시간이 걸렸다면, 첫 팀 시간과 막 팀 시간까지 20팀 X 7분 총 140분, 2시간 20분이 걸리기 때문에 20분 정도 기다려야 한다. 풀(Full)팀 일 때, 총 라운드 시간은 4시간 20분에서 4시간 30분정도가 기본 라운드 시간이다.

 18홀 라운드 후 클럽 이상 유무를 확인 후 플레이어의 확인 사인을 받고, 플레이어가 에어 건으로 골프 의류와 신발에 묻은 잔디를 털어 낸 후, 주차장에서 캐디 백을 플레이어 차에 상차 후 카트 세차장으로 이동하여 카트를 세차한 후에 정해진 카트 주차 자리에 정차를 하거나 2번을 라운드 하는 캐디는 식사 후에 백 대기를 다시 한 후 배치를 받고 2라운드를 하게 된다.

[그림 21-8] 골프장에서 오너를 뽑는 사진
[출처: 포씨유 DB]

[그림 21-9] 라운드 후 에어 건으로 잔디와 먼지를 털어내고 있는 플레이어, [사진: 포씨유신문 DB]

    카트 세차까지 마친 후에는 테블릿 PC와 카트 리모컨을 경기과에 반납한 후 퇴근을 하고, 플레이어가 당일 부킹에 의해 홀 추가 될 수 있는 상황이라면 스페어라고 하여 기다렸다가 일을 나갈 수도 있고 1라운드로 종료할 수도 있다.

Tee-off 시간 8시 기준 시간 흐름표

07:00	출 근	Tee-off시간 1시간 전 출근
07:20	백대기	Tee-off시간 40분 전 10분정도 백대기
07:30	배치표 수령	Tee-off시간 30분 전 경기과에서 플레이어 배치
07:40	광장 이동	Tee-off시간 20분 전 광장으로 이동
07:50	첫 홀로 이동	Tee-off시간 10분 전 이동하여 준비 및 스트레칭
08:00	Tee-off	
10:00	9홀 라운드	기본 9홀 라운드 2시간 소요
10:30	후반 라운드	앞 Tee-off 시간 카트 따라 대기 후 후반 시작
12:30	18홀 라운드	클럽 유무 확인 및 플레이어 차에 골프백 상차
12:50	카트 청소	쓰레기 분리 수거 및 카트 청소
13:00	물품 반납	테블릿 PC 및 카트 리모컨 경기과 반납
13:10	퇴 근	스페어 일 시 추가 되거나 골프장 상황에 따라 퇴근 2라운드 근무일 경우 식사 후 백 상차 준비

위 표처럼 캐디의 하루 일과를 나열해 보았는데 이렇게 1라운드 기준으로 할 경우 캐디가 골프장에서 보내는 시간은 보통 6시간 10분정도이며, 2라운드를 했을 경우에는 11시간 이상 골프장에 있어야 한다.

2. 근무 매뉴얼

한국 주요 골프장들은 캐디 업무 효율성을 높이고, 고객 만족도를 극대화하기 위해 캐디 근무 가이드 라인을 가지고 있다. 이 가이드 라인은 캐디들이 필수적으로 지켜야 할 기본 사항을 상세히 담고 있으며, 골프장 서비스 품질을 한층 더 높이는 것을 목표로 하고 있다.

대기 바꿈 제도 및 근무 수첩 기재 요령

캐디는 순번 바꿈 제도를 통해 효율적으로 대기 시간을 관리한다. 대기 바꿈자끼리 협의 후 출근 시간에 보고하며, 근무 수첩에는 날짜, 예약 시간 등을 정확히 기재해야 한다. 고객의 이름과 클럽 개수, 클럽커버, 우산 등의 유무를 확인하고 기재하며, 라운드 종료 후에 플레이어 개별 확인 및 사인을 받는다. 차량번호와 차종, 기사 유무도 철저히 기록한다.

근무 시 필수 소지품 및 배토 작업

캐디들은 마크, 무전기, 근무 수첩, 볼 타올, 클럽 세척용 솔, 필기도구, 구급약 등이 들어 있는 근무가방을 지참해야 한다. 구급약품은 소화제, 진통제, 지사제, 반창고 등 다양한 항목을 포함하고 있으며, 휴대폰은 항상 무음으로 설정해 위급

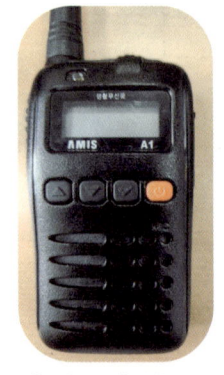

[그림 21-10] 생활 무전기
[출처: 포씨유 DB]

상황에만 사용해야 한다. 근무 후 배정받은 홀에서 배토를 실시하고, 배토일지를 작성한다. 배토 시 무전 채널은 코스 채널로 맞추고, 양심껏 배토 작업을 수행한다.

식사 주문

식사 주문은 플레이어 요청에 따라 9홀 티잉구역에서 ICT기기를 활용해서 주문한다.

휴무 규정

월 휴무는 골프장마다 다르지만, 평균 6회로 상황에 따라 조정될 수 있으며, 무단 지각 시 자율 수칙에 따라 처리한다. 모든 휴무와 병가는 팀장과 먼저 상의 후 결정된다.

[그림 21-11] 홀인원 증서
[출처: 이동규 기자]

홀인원 및 이글 처리 절차

홀인원 시 경기과에 즉시 보고하며, 사용구, 사용클럽, 코스 이름, 홀 번호, 해당 샷의 거리, 플레이어 이름 및 동반자 이름 등을 정확히 파악하여 보고해야 한다. 홀인원 확인서는 프론트에서 받을 수 있도록 안내한다.

[그림 21-12] 홀인원 후 절하고 있는 사진
[출처: 포씨유 DB]

근무 시 유의사항 및 대기 시 기본 자세

캐디들은 티오프 시간 기준 1시간 10분 일찍 출근해 복장을 점검하고, 경기과 출근은 1시간 전에 한다. 팀 배치 후 근무 수첩을 작성하고, 상황에 따라 광장이나 1번 홀 티샷 전에 밝고 명랑하게 인사를 한다. 타구 사고나 카트 사고 등 어떠한 상황이라도 발생할 경우에 무전을 통해 상황을 보고하고, 라운드 종료 후에는 고객의 소지품을 확실히 전달한다. 플레이어가 떠날 때는 예의 바르게 인사하며, 카트를 깨끗이 청소하고 충전 상태를 확인한다.

기타 주의사항

대기 시 깔끔한 화장과 청결한 유니폼으로 고객을 맞을 준비가 되어 있어야 하며, 광장에서는 잡담을 자제하고 밝은 표정과 바른 자세를 유지해야 한다. 카트는 항상 깨끗하게 청소되어 있어야 하며, 정확한 플레이어의 캐디 백을 찾아 카트에 상차한다. 가이드 라인은 캐디에게 전문성을, 플레이어에게 최상의 서비스를 제공하기 위해 만들었다.

캐디들이 이 지침을 철저히 준수함으로써 골프 클럽의 품격을 높이고, 플레이어에게 더욱 만족스러운 경험을 제공할 수 있을 것이라고 기대한다.

제 22 장

중대재해처벌법과 골프장 사고 유형

캐디가 근무중에 다치면, 산업재해보상보험에 가입되어 있기 때문에 골프장이 보상해 주어야 한다.

캐디는 법적으로 1/2 근로자로 근로기준법상 근로자가 아니며, 노동조합법상 근로자에 해당되기 때문에 산재 보험료도 근로자인 경우 100% 사업주가 부담하는 반면, 캐디는 산재보험료 50%를 부담하고, 나머지 50%를 골프장이 부담한다.

산업재해 보상은 장해 등급에 따른 장해급여, 업무로 인해 발생한 부상이나 질병이 완치될 때까지 의료기관에서 의료서비스를 제공받는 요양급여, 업무 중 사고로 인하여 병원에서 요양을 받는 기간 동안 평균임금의 70%를 받는 휴업 급여, 장해 급여, 유족 급여 등이 있다.

위 경우는 라운드를 포함한 근무 중에 캐디가 다쳤을 경우에 받을 수 있는 산재보상에 해당되며, 캐디가 아닌 플레이어가 라운드 중에 다쳤을 경우에는 사건 발생 원인 등에 따라 캐디 또는 골프장이 처벌받거나 손해에 대한 보상 또는 배상을 해야 하는 경우도 발생할 수 있다. 최근 골프장에서 빈번하게 발생하고 있는 사건 사고와 관련된 내용에 대해서 자세하게 알아보고자 한다.

1. 중대재해처벌법

[그림 22-1] 중대재해처벌법 시행 [출처: 고용노동부]

중대재해처벌법(Serious Accidents Punishment Act)은 한국에서 2022년 1월 27일부터 시행된 법으로, 중대재해 발생 시 기업과 경영책임자에게 엄중한 책임을 묻는 것을 목표로 하고 있다. 이 법은 근로자의 생명과 안전을 보호하고, 산업재해를 예방하기 위해 제정되었다.

주요 내용은 다음과 같다.

중대재해는 크게 두 가지로 분류된다

중대산업재해: 사망자 1명 이상 발생, 동일 사고로 6개월 이상 치료가 필요한 부

상자 2명 이상 발생, 동일 유해 요인으로 직업성 질병자가 1년 이내에 3명 이상 발생한 경우를 포함한다. 골프장에서 일하던 캐디가 여름철에 3명 이상이 일사병으로 쓰러졌을 경우에도 중대재해처벌법에 의해 처벌된다.

중대시민재해: 공중이용시설, 공중교통수단, 제품 및 서비스 등에서 다수의 인명 피해가 발생한 경우를 포함한다.

주요 내용 및 처벌 기준에 대해 알아보자

경영책임자의 의무: 안전 및 보건 관리 체계 구축: 경영책임자는 안전보건관리체계를 구축하고 이행해야 한다.

재해 예방 조치: 위험요인을 사전에 파악하고 제거, 대체 또는 통제하는 조치를 취해야 한다.

재해 발생 시 대응: 재해 발생 시 즉각적인 대응 및 사고 원인 조사, 재발 방지 대책을 마련해야 한다.

처벌 기준

> **사망 사고 발생 시:** 경영책임자는 1년 이상의 징역 또는 10억 원 이하의 벌금에 처할 수 있다.
>
> **중대산업재해의 경우:** 사업주 또는 경영책임자는 7년 이하의 징역 또는 1억원 이하의 벌금에 처할 수 있다.
>
> **중대시민재해의 경우:** 사업주 또는 경영책임자는 10년 이하의 징역 또는 5억원 이하의 벌금에 처할 수 있다.

기업 처벌: 법인 또는 기관도 중대 재해가 발생할 경우 최대 10억 원의 벌금에 처할 수 있으며, 이로 인해 발생한 손해에 대한 배상 책임도 져야 한다. 중대재해처벌법의 도입 배경으로 법은 산업재해와 시민 재해의 심각성을 인식하고, 이를 예방하기 위해 제정되었다. 과거 산업재해로 인해 많은 근로자가 목숨을 잃거나 다쳤

고, 이러한 사고를 막기 위한 근본적인 대책이 필요하다는 사회적 요구가 높았다.

최근 골프장에서 여러가지 중대재해 사례들이 발생하고 있다. 골프장에서 발생된 중대재해 사례를 알아보자.

골프장 내 작업 중 사망 사고

사례 개요: 2023년 한 골프장에서 코스 관리 작업 중이던 근로자가 잔디 깎기 기계에 의해 사망한 사건.
원인 분석: 기계 작동 중 안전 수칙 미 준수, 기계 점검 미비.
법적 결과: 경영책임자에게 1년 이상의 징역형과 회사에 10억 원 이하의 벌금 부과.

골프장 내 시설물 붕괴 사고

사례 개요: 2022년, 서울 근교의 한 골프장 클럽하우스에서 지붕이 붕괴되어 다수의 고객이 부상을 입은 사건.
원인 분석: 시설물 점검 미흡, 노후화된 구조물 보수 작업 미비.
법적 결과: 경영책임자에게 7년 이하의 징역형과 회사에 5억 원 이하의 벌금 부과.

골프 카트 사고

사례 개요: 2023년, 한 골프장에서 고객이 이용하던 골프 카트가 전복되어 다수의 부상자가 발생한 사건.
원인 분석: 카트의 정기 점검 미비, 운행 중 안전 수칙 미 준수.
법적 결과: 경영책임자에게 5년 이하의 징역형과 회사에 3억 원 이하의 벌금 부과.

식음료 제공 과정에서의 식중독 사고

사례 개요: 2022년 여름, 한 골프장 내 레스토랑에서 제공된 식사로 인해 다수의 고객이 식중독 증상을 보인 사건.
원인 분석: 위생 관리 소홀, 식자재 보관 및 조리 과정의 문제.
법적 결과: 경영책임자에게 3년 이하의 징역형과 회사에 2억 원 이하의 벌금 부과.

골프장의 대응 방안

중대재해처벌법 시행 이후, 골프장에서는 법 준수를 위해 안전 관리 체계를 강화하고 있다.

주요 대응 방안으로는 다음이 포함된다.

안전보건 전담 조직 구성 및 운영: 전문 인력을 배치하여 안전보건 업무를 전담하도록 한다. 정기적인 안전보건 교육 및 훈련 실시: 근로자와 고객들에게 정기적으로 교육을 실시하여 안전 의식을 고취한다.

위험성 평가 및 관리 체계 구축: 잠재적인 위험 요소를 사전에 평가하고 이를 관리하기 위한 체계를 구축한다. 재해 발생 시 신속한 대응 체계 마련: 재해 발생 시 즉각적으로 대응할 수 있는 체계를 마련하고 재발 방지 대책을 수립한다.

중대재해처벌법은 근로자와 고객의 생명과 안전을 보호하기 위한 중요한 법적 장치이다. 골프장 경영책임자와 관리자들은 법을 준수하여 안전한 환경을 조성하고 재해 예방에 최선을 다해야 한다. 이를 통해 안전한 골프 문화를 조성하고 모든 이용자가 안심하고 즐길 수 있는 공간을 제공할 수 있을 것이다.

2. 카트사고

골프장에서 카트 사고와 같은 중대한 사고가 발생할 수 있으며, 중대재해처벌법의 적용 대상이 된다.

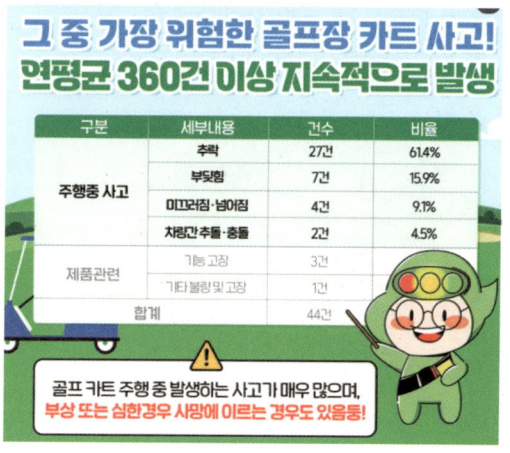

[그림 22-2] 골프장 카트 사고 현황
[출처: 도로교통공단]

골프장에서의 카트 사고 유형에 대해 알아보자.

골프장에서 카트 사고는 캐디 및 플레이어 모두에게 심각한 피해를 초래할 수 있다. 주요 사고 유형은 다음과 같다.

전복사고: 카트가 경사로에서 바위나 언덕을 밟고 전복되거나 급회전 중 균형을 잃고 넘어지는 사고.

충돌 사고: 카트가 다른 카트, 나무, 건물 등과 충돌하는 사고

추락 사고: 카트가 언덕이나 높은 곳에서 추락하는 사고

낙상 사고: 카트에서 플레이어가 떨어지는 사고

기계적 결함 사고: 카트의 브레이크, 핸들, 배터리 등의 기계적 결함으로 인해 발생하는 사고

카트 사고에 따른 사례를 분석해 보자.

전복사고

사례 개요: 2023년, 한 골프장에서 고객이 이용하던 골프 카트가 후진을 하다가 경사로에서 한쪽 바퀴가 언덕을 타면서 전복되어 다수의 부상자가 발생한 사건.
원인 분석: 과속 운전 및 운전 미숙, 경사로에서의 안전 수칙 미 준수
법적 결과: 경영책임자에게 5년 이하의 징역형과 회사에 3억원 이하의 벌금 부과

[그림 22-3] 나무와 카트가 충돌사고
[출처: 포씨유 DB]

충돌사고

사례 개요: 2022년, 서울 근교의 한 골프장에서 카트가 나무와 충돌하여 탑승자들이 중상을 입은 사건
원인 분석: 카트 운전 중 주의 부족
법적 결과: 경영책임자에게 3년 이하의 징역형과 회사에 2억원 이하의 벌금 부과

[그림 22-4] 카트 안전 사고 사례. [사진: 포씨유 DB]

추락사고

사례 개요: 2023년, 골프장에서 카트가 언덕에서 추락하여 탑승자들이 심각한 부상을 입은 사건
원인 분석: 안전 펜스 미 설치, 카트의 브레이크 결함
법적 결과: 경영책임자에게 4년 이하의 징역형과 회사에 2.5억원 이하의 벌금 부과

낙상사고

사례 개요: 2023년, 골프장에서 카트가 언덕에서 추락하여 탑승자들이 심각한 부상을 입은 사건
원인 분석: 안전 펜스 미 설치, 카트의 브레이크 결함
법적 결과: 경영책임자에게 4년 이하의 징역형과 회사에 2.5억원 이하의 벌금 부과

기계적 결함 사고

사례 개요: 2022년, 한 골프장에서 브레이크 결함으로 인해 카트가 제어 불능 상태가 되어 사고가 발생한 사건
원인 분석: 정기 점검 미비, 기계적 결함 방치
법적 결과: 경영책임자에게 3년 이하의 징역형과 회사에 1.5억원 이하의 벌금 부과

중대재해처벌법 시행 이후, 골프장에서는 법 준수를 위해 카트 사고 예방을 위한 안전 관리 체계를 강화하고 있으며, 카트 사고 예방을 위해 다음과 같은 조치를 취하고 있다.

정기적인 카트 점검 및 유지 보수: 모든 카트에 대해 정기적인 점검과 유지보수를 실시하여 기계적 결함을 사전에 예방한다. 점검 기록을 철저히 관리하여 이상이 발견되면 즉시 조치한다.

안전 운전 교육 및 훈련: 캐디에게 카트 운전 시 안전 수칙을 교육하고, 정기적으로 안전 운전 훈련을 실시 한다. 특히 경사로, 급커브, 구간 등 위험 지역에서의 운전 요령을 강조한다. 한국 골프장에서 카트 운전은 플레이어가 할 수 없고 캐디만 운전할 수 있게 되어 있다.

> 한국 골프장에서 카트 운전은 플레이어가 할 수 없고 캐디만 운전할 수 있게 되어 있다.

안전 시설 보강: 경사로, 급커브 구간 등에 안전 펜스를 설치하여 카트 전복 및 추락을 예방한다. 카트 도로의 표지판 및 경고 표지판을 적절히 배치하여 운전자의 주의를 환기시킨다.

골프 카 운행 중 안전 수칙

1) 지정된 속도를 준수하여 안전운전을 해야 한다. 특히 사람들이 많이 지나다니는 광장이나 그늘집 주위, 카트고 내려가는 길 등은 주위를 잘 살피며 속도를 줄여서 운행을 해야 한다.
2) 급제동 및 급정지를 하지 않는다.
3) 코스 내에서 역주행은 절대 해서는 안된다.
4) 무리한 추월을 하지 말고 앞, 옆 안전거리를 유지해야 한다.
5) 지정된 장소에 주, 정차를 한다.
6) 지정된 도로나 카트 도로에서만 주행하고, 코스 내 페어웨이나 러프는 진입을 금한다.
7) 플레이어가 모두 탑승하였는지 확인한 후 운행해야 하며, 주행 중에 카트에 올라타거나 뛰어 내리는 행동을 통제 해야 한다.
   → "주행 중에 올라타거나 뛰어 내리시면 부상의 위험이 있으니, 카트가 완전히 정차한 후에 내려주십시오"
8) 주행 중 플레이어가 안전 손잡이를 잡을 수 있도록 꼭 안내멘트를 해야 한다. 특히, 커브길이나 비탈길에서는 반드시 안전 손잡이를 잡을 수 있도록 한다.

→ "내리막(커브길) 입니다. 안전 손잡이를 꼭 잡아주십시오"
9) 주행 중에는 고객님께서 클럽을 넣거나 빼지 못하도록 해주시고 캐디는 클럽을 손에 들고 카트를 운행하면 안된다.
10) 근무 전 브레이크가 확실하게 작동하는지 확인을 하고 카트 운행을 해야한다.
11) 정해진 좌석에 앉게 하고 캐디나 플레이어의 몸 일부가 골프 카트 밖으로 나오지 않도록 한다.

3. 타구사고(인사사고)

골프장에서 발생하는 타구 사고는 플레이어가 친 볼이 의도치 않게 다른 사람을 맞아 부상을 입는 사건이다. 이러한 타구 사고는 주로 다음과 같은 상황에서 발생할 수 있습니다:

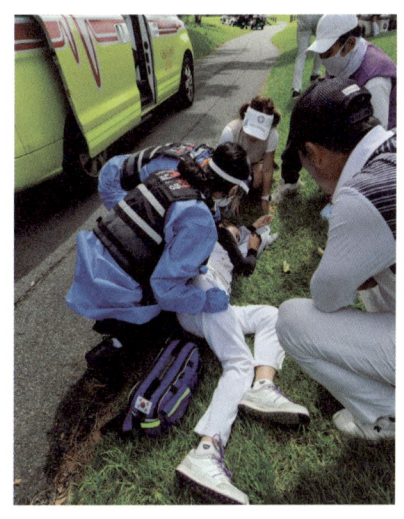

[그림 22-5] 타구 사고
[출처: 포씨유 DB]

잘못된 샷: 골프 볼이 목표 방향을 벗어나 근처에 있는 다른 플레이어나 갤러리가 맞을 수 있다.

안전 거리 미 준수: 플레이어들이 서로 너무 가까운 거리에서 플레이할 경우 사고가 발생할 가능성이 높다.

경고 소리 미흡: "포어(fore)"와 같은 경고 소리를 제 때 하지 않으면, 주변 사람들에게 위험을 인지하지 못해 사고로 이어질 수 있다.

시야 확보 부족: 플레이어가 샷을 할 때 주변 상황을 제대로 확인하지 않으면

볼이 예상치 못한 방향으로 날아가 사고가 발생할 수 있다.

골프장에서 발생한 타구 사고 사례는 다양하며, 안전의 중요성을 다시 한번 강조해야 한다. 다음은 실제 사례다:

사례 1 | 프로 골프 선수의 타구 사고

2012년 미국 PGA 투어에서 프로 골프 선수 로리 맥길로이가 잘못된 샷으로 관중의 머리를 맞힌 사고가 발생했다. 피해자는 즉시 병원으로 이송되어 치료를 받았고, 맥길로이는 사과의 뜻으로 피해자에게 사인을 해주고 추가적인 보상을 제공했다.

[그림 22-6] 골프장 내 타구 사고
[출처: JTBC 캡쳐]

사례 2 | 골프장 내 타구 사고로 인한 사망

2010년 한 골프장에서 50대 남성이 친구와 함께 라운드를 하던 중, 친구가 친 볼에 머리를 맞아 사망한 사건이 발생했다. 이 사고는 당시 골프장 내 안전 관리 미흡과 플레이어의 부주의로 인해 발생했으며, 골프장 측의 안전 관리 책임에 대한 논란을 불러일으켰다.

> **사례 3** 고등학생의 골프 연습 중 타구 사고

2019년 고등학생이 학교 골프 연습장에서 연습하던 중, 같은 학교 친구의 샷에 맞아 심각한 부상을 입었다. 피해 학생의 부모는 학교와 가해 학생의 부모를 상대로 손해배상 소송을 제기했다. 이 사건은 학교 측의 안전 관리 부족과 학생들의 주의 의무 불이행을 문제로 지적 받았다.

> **사례 4** 골프장에서의 실명 사고

2017년 한 골프장에서 남성이 동료의 샷에 눈을 맞아 한쪽 눈을 실명한 사건이 발생했다. 이 사고로 인해 피해자는 가해자와 골프장을 상대로 소송을 제기했고, 법원은 골프장의 안전 관리 책임과 가해자의 주의 의무 불이행을 인정해 피해자에게 보상금을 지급하라는 판결을 내렸다.

타구 사고 예방 및 대처 방법은 다음과 같다.

> **규칙 준수**: 골프 규칙을 철저히 준수하고, 특히 타구 전 주변을 주의 깊게 살펴야 한다.
> **경고 소리**: 볼이 잘못된 방향으로 날아갈 경우 즉시 큰 소리로 "포어(fore)"라고 외쳐 주변 사람들에게 경고한다.
> **안전 거리 확보**: 다른 플레이어와의 안전 거리를 충분히 유지해야 한다.
> **안전 교육**: 정기적인 안전 교육을 통해 모든 플레이어들이 안전 수칙을 숙지하도록 한다.

타구 사고로 인해 부상이 발생할 경우, 책임 소재를 가리기 위해 법적 문제가 생길 수 있다. 사고 발생 시 상황, 골프장의 안전 관리, 플레이어들의 주의 의무 이행 여부 등을 고려하여 결정된다. 피해자는 부상에 대한 손해 배상을 청구할 수 있으며, 가해자는 자신의 부주의에 대한 책임을 질 수 있다.

전국 골프장 이용객 타구 사고

2017	2018	2019	2020	2021
465건	511건	718건	975건	1103건

자료: 2022년 '최근 5년간 골프장 이용객 현황' 문화체육관광부

4. 골프장에서 일어나는 각종 사고

골프장 내에서 발생하는 다양한 사고는 중대재해처벌법의 적용을 받으며, 이에 따른 법적 책임과 예방 대책이 필요하다. 특히 익사 사고와 화재 사고, 코스 사고 등이 주요 사고 유형으로 나타나며, 이들 사고에 대한 사례와 예방 대책을 정리했다.

익사 사고: 주요 사례 및 예방 대책

주요 익사 사고 사례에 대해 알아보자.

[사진 22-7] 골프장 호수 익사 사고
[출처: 순천 경찰서 제공]

사례 1 연못 및 호수로의 추락 사고

사례 개요: 2023년, 한 골프장에서 고객이 연못 근처에서 사진을 찍다가 실수로 물에 빠져 익사
원인 분석: 연못 주변 안전 시설 미비, 경고 표지판 부족
법적 결과: 경영책임자 4년 이하의 징역형, 회사에 3억 원 이하의 벌금 부과
예방 대책: 안전 울타리 설치, 경고 표지판 부착

사례 2 | 수역 내 작업 중 사고

사례 개요: 2022년, 서울 근교 골프장에서 코스 관리 근로자가 연못에서 작업 중 익사
원인 분석: 안전 장비 미착용, 작업 환경 안전 점검 미흡
법적 결과: 경영책임자 3년 이하의 징역형, 회사에 2억 원 이하의 벌금 부과
예방 대책: 안전 장비 착용 의무화, 사전 안전 점검 강화

[그림 22-8] 리모컨 유도 오류로 인한 사고 [출처: 포씨유 DB]

사례 3 | 카트 및 장비와 관련된 익사 사고

사례 개요: 2023년, 한 골프장에서 카트가 연못으로 추락하여 탑승자가 익사
원인 분석: 카트 운전 중 과속 및 오작동, 안전 시설 부족
법적 결과: 경영책임자 5년 이하의 징역형, 회사에 3.5억 원 이하의 벌금 부과
예방 대책: 속도 제한 표지판 설치 및 점검, 안전 울타리 설치

익사 사고를 예방 하기 위한 방법으로는 다음과 같다.

- ✓ 연못 및 호수 주변에 안전 시설 강화
- ✓ 수역 작업 시 안전 장비 착용 의무화
- ✓ 카트 운행 시 안전 수칙 준수
- ✓ 긴급 상황 대응 체계 구축
- ✓ 정기적인 안전 점검 및 관리

화재 사고: 주요 사례 및 예방 대책

사례 1 │ 클럽하우스 및 레스토랑 화재

> **사례 개요:** 2023년, 한 골프장의 레스토랑에서 전기 합선으로 인한 화재 발생
> **원인 분석:** 전기 설비 점검 미흡, 화재 감지기 및 스프링클러 시스템 불량
> **법적 결과:** 경영책임자 5년 이하의 징역형, 회사에 3억 원 이하의 벌금 부과
> **예방 대책:** 정기적인 전기 설비 점검, 화재 감지기 및 스프링클러 시스템 점검

사례 1 │ 사례 2: 코스 주변 구조물 화재

> **사례 개요:** 2022년, 서울 근교 골프장에서 코스 관리용 창고 화재 발생
> **원인 분석:** 인화성 물질 관리 부주의, 소화기 비치 미흡
> **법적 결과:** 경영책임자 4년 이하의 징역형, 회사에 2억 원 이하의 벌금 부과
> **예방 대책:** 인화성 물질 안전 보관, 소화기 비치

사례 1 │ 사례 3: 자연 발생 화재

> **사례 개요:** 2023년, 건조한 날씨와 강풍으로 산불이 코스로 확산
> **원인 분석:** 기상 조건 대비 미흡, 초기 진화 장비 부족
> **법적 결과:** 경영책임자 3년 이하의 징역형, 회사에 2억 원 이하의 벌금 부과
> **예방 대책:** 기상 조건 대비 매뉴얼 마련, 초기 진화 장비 확보

화재 사고를 예방 하기 위한 방법으로는 다음과 같다.

- ∨ 정기적인 전기 및 설비 점검
- ∨ 인화성 물질 안전 보관
- ∨ 기상 조건에 따른 화재 대비
- ∨ 화재 예방 교육 및 훈련
- ∨ 화재 감지 및 대응 시스템 구축

코스 사고: 주요 사례 및 예방 대책

사례 1 지반 침하 사고

사례 개요: 2023년, 한 골프장에서 지반 침하로 인해 고객이 부상을 입음
원인 분석: 지반 안정성 검토 미흡
법적 결과: 경영책임자 3년 이하의 징역형, 회사에 2억 원 이하의 벌금 부과
예방 대책: 지반 안정성 정기 검토 및 보강 작업

사례 2 폭우 및 자연재해 사고

사례 개요: 2022년, 폭우로 인해 코스가 침수되면서 다수의 부상자가 발생
원인 분석: 배수 시스템 부족
법적 결과: 경영책임자 2년 이하의 징역형, 회사에 1.5억 원 이하의 벌금 부과
예방 대책: 배수 시스템 보강, 폭우 대비 대책 수립

사례 3 농약 및 화학물질 사고

사례 개요: 2023년, 농약 사용 중 근로자가 중독 증세를 보임
원인 분석: 안전 수칙 미 준수, 보호 장비 미착용
법적 결과: 경영책임자 2년 이하의 징역형, 회사에 1.5억 원 이하의 벌금 부과
예방 대책: 농약 사용 시 안전 수칙 준수, 보호 장비 착용 의무화

사례 4 코스 관리 장비 사고

사례 개요: 2022년, 코스 정비 중 장비에 끼어 근로자가 중상을 입음
원인 분석: 안전 수칙 미 준수, 장비 정기 점검 부족
법적 결과: 경영책임자 3년 이하의 징역형, 회사에 2억 원 이하의 벌금 부과
예방 대책: 장비 안전 수칙 준수, 정기 점검 실시

사례 5 낙상 사고

사례 개요: 2023년, 고지대에서 내려오던 고객이 미끄러져 부상을 입음

원인 분석: 경사로 안전 관리 미흡, 미끄럼 방지 장치 부족
법적 결과: 경영책임자 2년 이하의 징역형, 회사에 1.5억 원 이하의 벌금 부과
예방 대책: 경사로 미끄럼 방지 장치 설치, 안전 표지판 부착

예방 대책 요약

- ✓ 정기적인 지반 및 시설물 점검
- ✓ 배수 시스템 강화 및 자연재해 대비 대책 수립
- ✓ 농약 및 화학물질 사용 안전 수칙 준수
- ✓ 코스 관리 장비의 정기 점검 및 안전 교육
- ✓ 경사로 및 고지대 안전 관리

골프장에서의 중대재해처벌법 적용 사고를 예방하기 위해서는 정기적인 안전 점검과 교육, 안전 시설 강화가 필수적이다. 각 사례에서 나타난 문제점을 반영하여, 보다 안전한 골프장 환경을 조성해야 할 것이다.

5. 응급상황 발생 대처 요령

응급상황에서 신속하고 적절한 대처는 소중한 생명을 구할 수 있는 중요한 요소이다. 다양한 응급상황에서 취할 수 있는 기본적인 대처 요령에 대해 알아보자.

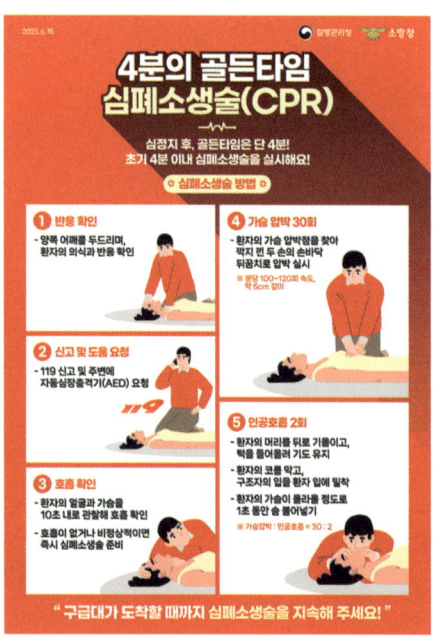

[그림 22-9] 심폐소생술(CPR)
[출처: 질병 관리청]

심폐소생술(CPR)
심정지 환자를 발견하면 다음과 같은 절차를 따른다.
반응 확인: 환자의 어깨를 가볍게 두드리며 반응을 확인한다.
신고: 반응이 없으면 즉시 119에 신고한다.
가슴 압박: 환자를 단단한 바닥에 눕히고 가슴 중앙을 강하게 5–6cm 깊이로 압박한다. 압박 속도는 분당 100–120회이다.
인공호흡: 가슴 압박 30회 후 기도 확보 및 인공호흡 2회를 시행한다. (훈련받은 경우에만)

기도 폐쇄(하임리히 법)
환자 상태 확인: 기침이 가능한지 확인합니다. 기침이 불가능하고 숨을 쉬지 못하는 경우 즉시 하임리히 법을 시행한다.

하임리히 법
환자의 뒤에서 팔로 허리를 감싼다.
주먹을 쥔 손을 명치 위, 갈비뼈 아래에 위치시킨다.
다른 손으로 주먹을 감싸고 위쪽으로 강하게 밀어 올린다.
이 동작을 이물질이 나올 때까지 반복한다.

화상
냉수로 식히기: 화상 부위를 10–15분 동안 냉수로 식힌다.
의료 도움 요청: 심한 화상이나 큰 부위에 발생한 화상은 즉시 의료 도움을 요청한다.
청결 유지: 화상 부위를 깨끗하게 유지하고 물집을 터뜨리지 않는다.

골절
움직임 최소화: 골절 부위를 가능한 한 움직이지 않게 한다.
부목 사용: 임시로 부목을 사용하여 골절 부위를 고정한다.
병원 이동: 응급 의료 서비스를 통해 환자를 병원으로 신속히 이동시킨다.

의식 소실
상태 확인: 의식을 확인하고, 반응이 없으면 119에 신고한다.
회복 자세: 환자를 옆으로 돌려 회복 자세로 눕힌다.
지속 관찰: 구급대가 도착할 때까지 환자의 상태를 지속적으로 관찰한다.

기타 응급상황
중독: 독극물이나 약물 중독이 의심되면 즉시 119에 신고하고, 물질의 포장지나 용기를 구급대원에게 제공한다.
경련: 경련을 일으키는 환자의 경우 주변을 안전하게 하고, 경련이 멈출 때까지 기다린다. 머리를 보호하고, 입에 손가락이나 물건을 넣지 않는다.

이러한 응급 대처 요령을 숙지하고 있다면, 응급상황에서 더 나은 대처를 할 수 있다. 기본적인 응급 처치 교육을 받고 주기적으로 복습하는 것이 중요하다.

사고에 대한 책임은 도의적 책임과 법적 책임으로 구분되어 있다.

도의적 책임이란?

어떠한 행위가 윤리적, 도덕적 교준(규범이 되는 표준)에서 벗어나 비난을 받을 수는 있지만 법적인 제재를 받지 않는 행위

법적 책임이란?

어떠한 행위가 법이 제정한 규준을 어긴 위법적인 행위로서 법적인 제재를 받는 행위를 말하며, 골프장 사고에 대한 법적 책임으로는 형사 책임과 민사 책임을 들 수 있다. 타구사고, 카트 사고에 대한 형법, 교통사고처리 특례법 등을 적용하여 형사 책임을 묻는 사례도 있지만 대부분의 사고는 민사 책임으로 귀결된다.

캐디의 안전 의무 사항으로
<u>멘트 의무, 제지의무, 주지의무, 경고 의무</u>
4가지가 있다.

[그림 22-10] 캐디 의무 포스터
[출처: 한국골프장경영협회 포스터]

(멘트 의무) 카트 운행 중 안내 사항은 수시로 복창한다.

∨ 고객님 출발하겠습니다.

∨ 고객님 정차하겠습니다.

∨ 급경사(내리막, 오르막, 커브) 입니다. 안전 손잡이를 꼭 잡아 주십시오.

∨ 카트 밖으로 내놓은 발은 주행 중에 위험하오니 안쪽으로 넣어 주시기 바랍니다.

(제지 의무) 플레이어가 사고를 유발시킬 수 있는 위험한 플레이 및 행동에 대해 적극적으로 제지한다.

(주지 의무) 플레이어가 라운드 시 플레이어 안전수칙을 준수하며 안전하게 경기를 마칠 수 있도록 지속적으로 안내한다.

(경고 의무) 플레이어가 위험지역에 진입하거나 사고의 위험에 노출되어 있을 때 플레이어가 즉시 벗어나도록 적극적인 대처를 해야 한다.

플레이어가 골프장에서 지켜야 하는 안전수칙에 대해 알아보자.

○ 샷을 하는 플레이어 전방에는 어느 누구도 진입해서는 안 된다.
○ 연습 스윙은 지정된 장소에서만 하며 스윙 전에는 주변에 사람이 없는지 반드시 확인 후 실시한다.
○ 티샷을 위해 티잉구역에 플레이어 1명만 올라오고 동반 플레이어는 안전한 지역에서 대기한다.
○ 플레이어는 캐디 조언에 관계없이 자신의 판단으로 샷을 감행하면 안되며 항상 비거리 확인 의무를 지켜야 한다.
○ 미스 샷으로 선행 팀 또는 인접 홀의 플레이어 안전에 위험이 예측될 때에는 신속히 '포어'라고 큰 소리로 외친다.
○ '포어' 소리가 들리면 얼굴과 머리를 재빨리 숙이거나 엎드리며 소리가 나는 방향으로 얼굴을 돌리지 않는다.
○ 플레이어는 카트 운전 및 조작을 금지한다.

[그림 22-11] 카트에 설치 된 안전 바
[출처: 포씨유 DB]

카트가 주행 중 일 때 안전바 또는 손잡이를 붙잡고, 신체의 일부가 카트 밖으로 나오지 않도록 주의하며 완전히 정차 후 승, 하차 한다. 물이 있는 페널티구역이나 절벽(경사가 심한 구간) 이동시에는 캐디의 제지에 따라 동선 내 이동 금지 및 안전 하게 이동할 수 있도록 한다. 골프장은 불특정 다수가 이용하는 체육시설로 안전 사고 발생 요인을 항상 내포하고 있다.

응급 상황에 따른 응급 처치 방법에 대해 알아보자.

> **일사병**
> 무리해서 운동을 하였거나 햇볕을 쬐면 어지러움, 두통, 경련, 일시적으로 쓰러지는 증상.
> 환자를 시원한 장소로 이동하여 이온 음료 또는 물을 마시도록 한다.

열사병
격렬한 신체 운동, 피부가 뜨겁고 건조하며 피부가 붉은색을 띄는 경우가 있다. 시원한 장소로 운반하여 젖은 수건이나 담요를 덮어주고 체온을 내려 준다.

뱀에 물렸을 경우
물린 부위를 물로 씻어내고 넓은 천 같은 것으로 물린 부위의 위, 아래쪽을 묶어 독이 퍼지는 것을 방지한다. 꽉 묶어 피가 통하지 않게 하며, 병원으로 이송한다.

벌에 쏘였을 경우
쏘인 부분에 벌침이 남아 있으면 바늘이나 칼 등으로 제거하고, 2차 감염을 위해 비누와 물로 씻는다.
통증이 심할 경우는 얼음 주머니에 싸서 대 준다.
연고나, 진통제는 통증을 줄이는데 도움이 된다.

볼에 맞아 출혈이 날 때
깨끗한 거즈나 패드 등으로 출혈 부위를 덮고 직접 압박을 실시 한다. 병원으로 이송 중 거즈는 제거하지 말아야 한다. 이는 의사가 출혈량을 보고 처방을 내려야 하기 때문이다.

미끄러짐
겨울철 또는 이른 새벽 라운드 중에 그늘진 곳, 연못 주변, 계단 등 결빙되기 쉬운 지역은 미끄러질 위험이 있기 때문에 주의 안내판을 설치하거나 동반 캐디들이 사전에 주의를 주도록 한다.

화재 시
직접 제지할 수 있는 경우 카트 내 부착 되어있는 간이용 소화기를 사용하고 경기팀에 보고를 한다. 단, 위험할 시 안전지대로 대피하며 진행실에 보고하며, 화상이 일어난 경우 상처부위를 재빨리 찬물로 깨끗이 닦아주고 물집을 터트리지 말고 거즈로 덮어준다.

인대가 늘어난 경우
냉 찜질을 하고 부목이나 붕대로 고정시킨다. 고정 후 운동은 삼가한다.

뇌진탕 시
안정을 시키고 맥박과 호흡을 확인하고 출혈 시 지혈 후 의사에게 보여 뇌출혈 여부를 진단받는다.

심장 마비 시
의식과 맥박, 호흡을 확인하고 인공호흡과 심장 마사지를 실시한다.

※ 안전사고는 사전에 예방함이 중요하며 사고 예방을 위해서는 철저한 준비와 학습이 필요하다.

6. 사고보고서 작성 요령

사고보고서는 사고의 원인과 경과를 명확히 기록하여 향후 재발 방지 대책을 마련하기 위한 중요한 문서이다. 정확하고 체계적으로 작성하는 것이 중요하다. 아래는 사고보고서를 작성할 때의 요령이다.

① 사고 개요

> **제목**: 사고보고서의 제목을 명확하게 작성한다.
> 예) "2024년 5월 27일 골프장 카트 사고 보고서"
> **작성일**: 보고서를 작성한 날짜를 기재한다.
> **작성자**: 보고서를 작성한 사람의 이름과 직책을 기재한다.
> **사고 일시**: 사고가 발생한 정확한 날짜와 시간을 기록한다.
> **사고 장소**: 사고가 발생한 장소를 상세히 기재한다. 예: "골프장 5번 홀 페어웨이"

② 사고 발생 상황

> **사고 유형**: 사고의 종류를 명확히 기재한다.
> 예) "카트 충돌 사고", "타구사고", "추락 사고"
> **사고 경위**: 사고가 어떻게 발생했는지 구체적으로 서술한다.
> **사고 전 상황**: 사고가 발생하기 직전의 상황을 상세히 설명한다.
> **사고 발생 과정**: 사고가 일어난 과정을 시간 순서대로 기록한다.
> **사고 후 상황**: 사고가 발생한 후의 상황과 즉각적인 대처 내용을 기록한다.
> **목격자 진술**: 사고를 목격한 사람들의 진술을 기록한다. 각 목격자의 이름, 연락처, 진술 내용을 구체적으로 기재한다.

③ 피해 상황

> **피해자 정보**: 피해자의 이름, 나이, 성별, 연락처를 기록한다.
> **피해 정도**: 피해자의 부상 정도를 구체적으로 기록한다.
> 예) "오른쪽 팔 골절", "머리 부상으로 인한 출혈"
> **물적 피해**: 사고로 인한 물적 피해 상황을 기록한다.
> 예) "카트 파손", "골프 클럽 손상"

④ 원인 분석

  직접 원인: 사고의 직접적인 원인을 분석하여 기록한다.
    예) "카트 운전 부주의", "타구 경로 오판"
  간접 원인: 사고에 영향을 미친 간접적인 원인을 분석한다.
    예) "안전 수칙 미 준수", "안전 장비 미비"
  환경적 요인: 날씨, 주변 환경 등의 외부 요인이 사고에 미친 영향을 분석한다.

⑤ 대응 및 조치

  사고 직후 조치: 사고 발생 직후 취한 응급조치 내용을 기록한다.
    예) "119에 즉시 신고", "응급처치 시행"
  의료 조치: 피해자에게 제공된 의료 서비스 내용을 기록한다.
    예) "현장에서 응급처치 후 병원 이송"
  추가 조치: 사고 이후 취한 추가적인 조치나 대응 방안을 기록한다.
    예) "사고 현장 정리", "목격자 진술 확보"

⑥ 예방 대책

  재발 방지 대책: 사고 재발을 방지하기 위한 대책을 구체적으로 제안한다.
  교육 강화: 안전 교육 프로그램 강화 및 정기적인 교육 실시
  시설 개선: 사고 발생 장소의 안전 시설 개선
  규정 보완: 안전 수칙 및 규정 보완
  예방 조치 실행 계획: 제안된 예방 대책을 언제, 어떻게 실행할 것인지에 대한 계획을 상세히 기록한다.

⑦ 첨부 자료

  사진 및 도면: 사고 현장의 사진, 사고 경로 도면 등을 첨부한다.
  목격자 진술서: 목격자들의 서면 진술서를 첨부한다.
  기타 자료: 사고와 관련된 기타 참고 자료를 첨부한다.

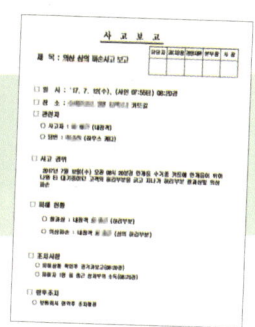

[그림 22-12] 사고보고서 작성 예시 [출처: 4CU DB]

이와 같은 방식으로 사고보고서를 체계적으로 작성하면, 사고의 원인과 대응 방안을 명확히 파악하여 재발을 방지할 수 있다.

제 22 장

우천 낙뢰 시 행동 요령

[그림 23-1] 골프장에서 낙뢰 치는 그림 [출처: AI 생성]

 골프장에서 비가 내리는 가운데, 천둥과 번개가 치기 시작하면 매우 위험한 상황으로 이어질 수 있다. 특히 번개에 대한 대비가 중요하다. 번개가 칠 때는 다음과 같은 행동 요령에 따라 안전을 지켜야 한다.

골프장에서 낙뢰가 예상될 때

번개나 천둥소리를 듣는 즉시 모든 플레이를 중단해야 하며, 골프 클럽을 내려놓고, 몸에 지니지 않도록 해야 한다.

안전한 장소로 이동

근처의 클럽하우스, 쉘터, 또는 낙뢰 보호 시설로 신속히 이동한다. 이동 시 빠르게, 그러나 질서 있게 이동하여 다른 사람들과 충돌을 피한다. 자동차 안으로 이동하는 것도 안전한 선택이다.

낮은 자세 유지

안전한 장소로 이동하기 힘든 경우, 가능한 낮은 자세를 유지한다. 넓은 공터에서는 발을 모으고, 몸을 최대한 낮춰 웅크린다. 손과 무릎을 땅에 대지 않고, 발바닥만 지면에 닿게 한다. 낙뢰가 칠 위험이 있는 높은 장소나 나무, 금속 구조물 근처를 피한다.

전기 및 전자기기 사용 금지

휴대폰, 라디오 등 전자기기의 사용을 자제한다. 금속성 물체를 몸에서 멀리해야 한다.

물가나 습한 곳 피하기

연못, 호수, 수영장 등 물가에서 멀리 떨어진다. 물기가 많은 곳은 전류가 쉽게 흐를 수 있어 위험하다.

팀원들과 소통

동반자들에게도 즉시 알리고, 안전한 장소로 함께 이동한다. 팀원들 간의 거리는 적당히 유지하여 낙뢰로 인한 피해를 최소화 한다. 번개가 멈춘 후 상황에서는 골프장 직원이나 관리자의 지시에 따라 행동한다.

번개 경보 해제 후에 날씨가 안정될 때까지 기다린다. 근처에 쓰러진 나무나 전선 등 위험 요소가 없는지 확인한다. 낙뢰로 인한 부상자가 있을 경우, 즉시 119에 신고하고 응급 처치를 시행한다. 심폐소생술(CPR) 등의 기본 응급 처치 요령을 숙지하여 필요한 경우 신속하게 대응한다.

[그림 23-2] 벼락이 떨어진 나무 주위에서 관람하던 갤러리들이 쓰러진 사진

상황 별 캐디의 대처 방법에 대해 알아보자.

안개시 대처 방법
- 안전에 유의해 진행한다(무리한 진행을 하지 않는다).
- 앞, 뒤팀의 위치를 꼭 확인하고 치도록 한다(안전거리 확보).
- 구두 혹은 무전기 등으로 상호간 의사 전달은 정확하게 한다.
  (회사의 방침에 따라 호각 또는 안개등을 설치하여 그린의 위치를 확인할 수 있다).

우천시 대처 방법
- 플레이어와 자신의 안전에 항시 주의한다.
- 플레이어가 불편하지 않도록 세심하게 살펴 배려한다.
- 클럽의 그립이 비에 젖지 않도록 주의한다.
- 비 오는 날에는 타올, 비닐봉지를 많이 사용하니 넉넉하게 준비해서 근무에 임한다.
- 마른 타월로 그립을 항상 닦아 놓는다.
- 마무리 클럽 정리 때에는 그립을 신문지나 그립지에 싸서 젖은 클럽에 손상이 가지 않도록 깨끗하게 정리해 두면 더욱 좋다.
- 클럽 커버가 젖지 않도록 각별히 유의한다.
- 플레이어 보관품이나 소지품이 잃어버리거나 비에 젖지 않게 주의한다.

낙뢰시 대처 방법
- 코스 내에서 타구사고보다 무서운 것은 낙뢰사고이다.
- 대피소가 멀거나 근처에 천둥이 다가올 때는 벙커나 저지대에 몸을 숨긴다.
- 우산이나 나무 밑은 감전의 원인이 될 수 있으므로 피하는 것이 좋다.

미주

Part 1

1) 영국 최초 여왕 메리 튜터(Mary Tutor), 블러디 메리(Bloody Mary, 1516-1558) 여왕과는 다른 사람이다. 그녀의 아들이 후에 영국과 스코틀랜드 통합 왕이 된다._21page

2) 커리어 그랜드 슬램(Career Grand slam): '4대 메이저 대회', 디 오픈(THE OPEN), US OPEN, PGA 챔피언십, 마스터스 토너먼트 각 대회에서 1년 내에 우승이 아닌 시즌 상관 없이 모두 우승한 것을 커리어 그랜드 슬램이라고 한다._31page

3) 매치 플레이는 쓰리볼, 포볼, 쓰리섬, 포섬으로 나뉘는데 볼이라는 방식은 각자의 볼로 치는 방식이고 섬이라는 방식은 번갈아 가면서 치는 방식이다._32page

4) 출처: 캐디학개론, 김대중, 2022, 조세금융신문 _37page

Part 2

1) 출처: 위키피디아 _53page

2) Hitchcock, 1889: 601-603_53page

3) 출처: http://nationalatlas.ngii.go.kr/pages/page_2147.php_58page

4) 일반구역: 특수 구역을 제외한 모든 구역 (페어웨이와 러프),특수구역: 티잉구역, 페널티 구역, 벙커, 퍼팅 그린_64page

5) 티마커: 티의 구역을 정하기 위해 좌우 양측을 표시해 놓은 마커, 플레이 할 수 있는 범위는 티마커 뒤쪽으로부터 2클럽이내이다._64page

6) 수리지는 코스에서 수리하는 지역, 코스 관리에 의해 만들어진 구역, 나중에 치우려고 쌓아 둔 잔디더미 또는 낙엽더미(루스임페디먼트 이기도 하며 치울 의도 없는 코스 상에 남겨둔 모든 물체는 수리지가 아니다),플레이어의 볼에 너무 가깝게 있어 플레이어의 스트로크나 스탠스로 인하여 훼손될 수 있는 동물의 서식지(예-새 둥지) 등을 말한다._66page

7) 핸디캡 1번은 9홀이나 18홀 중에 가장 어려운 홀을 나타내는 말이다._70page

8) 비거리란 1번의 샷으로 볼이 공중에 떠서 떨어져서 정지된 지점까지의 총 거리로 캐디(Carry)+런(Run)을 합한 거리다. 여기서 캐리란 샷한 볼이 공중에 떠서 처음 낙하한 자리까지 거리를 말한다._70page

Part 3

1) 초기 샤프트를 만드는 재질로 주로 과일나무 가지가 사용되었는데, 과일나무가 단단하고 질겨서 볼을 쳤을 때, 부러지지 않고 잘 견딜 수 있는 강도를 가졌기 때문이며, 과일나무 중에서 호도나무과에 속하는 히코리 나무를 사용했다. 1908년 미국의 '아서 나이프'가 처음으로 스틸 샤프트를 개발해서 출시했다. 1960년대와 1970년대에 카본 또는 그라파이트를 소재로 한 샤프트가 개발되어 보급되었다._75page

2) 썰린(Surlyn) 또는 써린이라고 부르며, 듀폰사에서 개발한 플라스틱 소재로 골프 볼 재료로 가장 많이 사용된다. 썰린은 딱딱하고 내구성이 좋아 거리를 늘리는 장점을 가지고 있어서 타이틀리스트, 윌든 등 골프 볼 제품에 사용된다. 썰린을 개량한 것이 자일린(Zylin)으로 탑플라이트 골프 볼 재료로 사용된다. 타구감이 천연고무와 비슷하면서 거리를 늘려주는 장점을 가지고 있다. _82page

3) 해리바든(Harry Vardon, 1870-1937)), 골프계 최초 월드 스타, 아직도 깨지지 않고 있는 디오픈 6회 우승, [그림 7-2]에 등장하는 미국 스팔딩사의 골프 볼 모델로 활동했다. 2005년 제작된 1913년 US 오픈을 배경으로 한 '내 생애 최고의 경기' 시작 부분에 해리 바든이 골프 볼 시연회를 하면서 프랜시스 위멧을 만나는 장면이 나온다. _87page

4) 캐리는 샷을 하고 볼이 공중을 날아서 떨어지는 곳까지의 거리를 말한다. _87page

5) 어드레스란 플레이어가 볼을 치기 위하여 스탠스를 취하고 클럽 헤드를 지면에 놓아둔 채로 있는 상태를 말하며, 양 발을 어깨 넓이만큼 벌리고 체중은 몸 중앙에 둔다._90page

5) 일반적으로 오너(Owner)로 알고 있는데, 정확하게 오너(Honour)라고 해야 맞다._121page

6) 일반적으로 '캐리 오너'라고 부르는데, 정확하게 캐리드 오너라고 해야 한다. _121page

7) 비거리 = 캐리(Carry) + 런(Run)이며, 스트로크한 볼이 하늘을 날아서 떨어지는 지점까지 캐리, 땅에 떨어져서 굴러가는 거리를 런이라고 한다. _122page

8) 플레이 선이란 플레이어가 스트로크를 하여 볼을 보내고자 하는 선을 말한다._124page

9) 골프산업신문, 김맹년의 실전 골프 영어, IP 그리고 랜딩에어리어?, 2020.10.05._128page

Part 5

1) 인플레이는 플레이가 진행 중인 상태를 말한다. _157page

Part 4

1) PGA 투어 대회는 4일간 벌어지는데, 첫째 날을 1라운드, 둘째 날을 2라운드 셋째 날을 3라운드 대회 마지막 날을 4라운드라고 말하며, 매일 18홀씩 4일간 총 72홀을 플레이한다. 반면 로마 숫자로 54라는 뜻을 가진 리브(LIV)골프는 3일간 3라운드 즉, 매일 18홀씩 3일간 54홀을 플레이한다 _101page

2) 고(庫)는 물건을 간직하여 두는 곳이라는 뜻이다._107page

3) 스트로크란 골프 볼을 치기 위해서 골프클럽을 앞으로 움직이는 행위 즉, 자신의 클럽으로 골프 볼을 치는 것을 말한다._117page

4) 캐디가 알아야 할 모든 것 p20~p21, 2021.6, 김대중외5인, 조세금융신문_119page

Part 6

1) 4명의 플레이어가 가져온 서로 다른 골프 클럽을 분류하고 정리해서 어떤 클럽이 어떤 플레이어 것이라고 암기하는 것을 클럽 매칭이라고 한다._203page